消防监督检查与管理工作思考

孙建军 王 杰 金 业◎主编

汕頭大學出版社

图书在版编目（CIP）数据

消防监督检查与管理工作思考 / 孙建军，王杰，金业主编. -- 汕头：汕头大学出版社，2022.3
ISBN 978-7-5658-4593-2

Ⅰ. ①消… Ⅱ. ①孙… ②王… ③金… Ⅲ. ①消防－监督管理－中国－文集 Ⅳ. ①D631.6-53

中国版本图书馆CIP数据核字(2022)第013983号

消防监督检查与管理工作思考
XIAOFANG JIANDU JIANCHA YU GUANLI GONGZUO SIKAO

| 主　　编：孙建军　王　杰　金　业 |
| 责任编辑：邹　峰 |
| 责任技编：黄东生 |
| 封面设计：李　静 |
| 出版发行：汕头大学出版社 |
| 　　　　　广东省汕头市大学路243号汕头大学校园内　邮政编码：515063 |
| 电　　话：0754-82904613 |
| 印　　刷：三河市嵩川印刷有限公司 |
| 开　　本：710mm×1000 mm　1/16 |
| 印　　张：15.5 |
| 字　　数：260千字 |
| 版　　次：2022年3月第1版 |
| 印　　次：2022年3月第1次印刷 |
| 定　　价：88.00元 |

ISBN 978-7-5658-4593-2

版权所有，翻版必究

如发现印装质量问题，请与承印厂联系退换

前言 ‖ Preface

消防安全事业的发展,是国民经济和社会发展的重要组成部分,是衡量一个单位、一座城市乃至一个国家现代文明程度的标志之一。同时,消防安全工作又是一项科学性、技术性、群众性和专业性都很强的系统工程,涉及各个企业单位、行业部门和公民个人,以及整个社会的各个领域。所以,做好消防安全工作,是直接关系到人民生命财产安全和国家及社会稳定的一件大事。

随着社会和经济建设的发展,高层建筑不断增多,地下工程广泛开发利用,石油化工企业和公众聚集场所大量涌现,新技术、新产品不断开发,国家物质财富大量积累,使消防安全工作的地位越来越显得重要。然而,火的极其广泛的应用,又使导致火灾的因素几乎无时不有、无处不在。所以,每个行业、每个部门、每个单位以至每个家庭,都有预防火灾、确保消防安全的责任。

政府分管消防安全工作的领导、单位的法定代表人是本行政区域、本单位消防安全工作的决策者,对本行政区域、本单位消防安全工作的好坏起着决定性作用;专兼职消防安全管理人员是本单位消防安全工作的具体管理者,是法定代表人实施消防安全管理的执行者,对本单位消防安全工作的好坏具有举足轻重的地位;易燃易爆单位和人员密集场所的操作人员、营业人员,是企业生产中具体操作的专业人员,是搞好本单位消防安全工作的重要基础。所以,要将本行政区域、本单位、本行业和本部门的消防安全工作搞好,政府分管消防安全工作的领导、单位的法定代表人都应当清楚本行政区域、本单位的消防安全工作应当抓什么、怎样抓,消防管理人员应当知道做什么、怎样做,重要工种和场所的操作、营业人员应当知道做什么、怎么做。因此,政府分管消防安全工作的领导、单位的法定代表人和单位消防安全管理人员,都应当学习和掌握一定的消防安全管理知识。各个机关、团体、企业事业单位以及每个社会成员,都应高度重视并认真做好自身的消防安全工作,并把积极同火灾做斗争视为高尚的道德行为;都应学习并掌握基本的消防安全知识,共同维护公共消防安全,从根本上提高城乡、单位乃至全社会预防和抗御火灾的整体能力和文明程度。

鉴于此，笔者撰写了《消防监督检查与管理工作思考》一书，本书共有七章。第一章对消防安全工作进行了概述，第二章阐述了消防监督检查，第三章论述了消防安全管理，第四章探究了消防安全的重点管理，第五章探究了消防安全管理的基本方法，第六章阐述了火灾事故紧急处置，第七章论述了消防行政处罚、强制与执法监督。

笔者在撰写本书过程中，借鉴了许多专家和学者的研究成果，在此表示衷心的感谢。本书研究的课题涉及的内容十分宽泛，尽管笔者在写作过程中力求完美，但仍难免存在疏漏，恳请各位专家批评指正。

目录 ‖ Contents

第一章　消防安全工作概述 01
第一节　消防安全工作的作用与消防安全管理的职责 01
第二节　消防安全工作的思想、方针、路线与原则 06

第二章　消防监督检查 13
第一节　消防监督检查概述 13
第二节　消防监督检查的形式、内容与方法 17
第三节　典型场所的消防监督检查 25

第三章　消防安全管理 33
第一节　消防安全管理必备知识 33
第二节　建筑工程消防安全管理 48
第三节　学校及公众聚集场所消防安全管理 81
第四节　易燃易爆危险品管理 99

第四章　消防安全的重点管理 117
第一节　消防安全重点单位管理 117
第二节　消防安全重点部位管理 131
第三节　消防安全重点工种管理 133
第四节　重大危险源的管理 141
第五节　易燃易爆设备防火管理 143

第五章　消防安全管理的基本方法 151

第一节　分级负责法 151

第二节　重点管理法 153

第三节　调查研究法 157

第四节　"PDCA"循环工作法 160

第五节　消防安全评价法 162

第六章　火灾事故紧急处置 170

第一节　火灾与火灾报警 170

第二节　安全疏散与自救逃生 176

第三节　火灾应急预案的制订 185

第四节　火灾事故原因调查 188

第七章　消防行政处罚、强制与执法监督 208

第一节　消防行政处罚 208

第二节　消防行政强制 224

第三节　消防行政执法监督 229

结束语 234

参考文献 236

第一章　消防安全工作概述

第一节　消防安全工作的作用与消防安全管理的职责

一、消防的相关概念

（一）"消防"一词的来历

"消防"一词并非我国古已有之，它是清代光绪年间才在我国出现的。在我国历史上，一般将同火灾做斗争和对火的管理称之为"火政"或"火禁"，如五帝时代的帝喾就称重黎"居火政，甚有功"。在1867年上海英、美的公共租界还设立了"火政处"。"消防"一词于20世纪初由日本引进，当时清政府的警政司下设"消防队总理"。由于我国在引进"消防"一词时使其词义范围缩小，所以，从狭义来讲，目前人们通常所说的"消防"是单指防火和灭火的各项活动。

从国际和国内公共管理机构的设置和社会分工情况来看，"消防"一词应当有广义和狭义之分。广义上讲，消防泛指消灭和防止灾害事故，包括水灾、火灾、震灾等各种灾害的防范和抗灾抢险活动。诸如，防火安全、防震安全、防洪安全、环境安全、生产安全、化学品事故救援、工程抢险等各种灾害事故的预防和抢险救援活动都应当属于消防安全的范畴。

（二）消防管理、消防安全管理和消防监督管理

"消防管理"这个词在我国20世纪60年代出现，如在1963年10月公安部颁发的《公安部关于城市消防管理的规定》中，从文件标题及其内容都提出了"消防管理"这个概念。消防管理应当属于社会管理范畴，具体来讲应当属于社会安全管理的范畴，故全称应为"消防安全管理"，消防监督管理包含其中。

安全管理是指具有隶属关系的领导机关对所属单位安全工作实施的管理；监督管理是指不具有隶属关系的领导机关的部门对所辖范围内单位所进行的督导性的管理。所以，按照狭义的理解，消防安全管理是指各级政府及其所属或所辖区域内各个单位，为使本辖区、本单位免遭火灾危害而进行的各项防火和灭火的管理活动。它是政府及各个单位内部管理活动的主要内容之一。

消防监督管理是政府分管部门职能之一，在中国，是指各级政府所属的公安机关消防机构根据法律赋予的职权，依据有关消防法律、法规、规范、标准，对法律授权监督范围内的单位或个人的消防安全工作实施监察督导的管理活动。它是各级政府为了更好地实施消防安全管理，保证各项消防安全措施的落实而采取的行政干预手段，属于消防安全管理的范畴。

综上所述，消防监督管理是消防安全管理的重要组成部分，从逻辑学角度讲，二者属于种属关系。公共消防监督管理是公共消防安全管理的组成部分，公安机关消防机构的工作即是本级政府管理工作的重要组成部分。

单位消防监督管理是单位消防安全管理的组成部分，单位消防安全机构的工作也是单位秩序和经济管理的重要组成部分。单位的法定代表人应当把本单位的消防安全工作列入重要日程，并认真履行法定的消防安全职责[①]。

二、消防安全工作的作用

消防安全工作的任务，是保护公民生命、公共财产和公民财产的安全，保卫国家的经济建设，维护国家的社会秩序、生产秩序、教学和科研秩序以及人民群众的生活秩序，巩固人民民主专政，其作用主要有以下几个方面。

---

①许果.新形势下加强消防监督管理工作的思考[J].中国设备工程，2020（21）：68-69.

(一)保护公民生命、公共财产和公民财产的安全

科学技术的发展,促进了经济建设的发展。经济建设的飞速发展,使得国家的物质财富不断增长和集中,石油化工、天然气等易燃易爆物资的使用范围越来越广,生产和生活中的用火用电也越来越多,可能引起火灾的因素也随之增多。如果消防工作搞不好,一旦发生火灾,就会影响经济建设的顺利发展,影响现代化建设的顺利进行,给国家和公民的财产带来不可再生的损失。做好消防安全工作,对保卫公民生命财产和国家经济建设的安全都具有十分重要的意义。

(二)保护历史文化遗产

我国是一个具有悠久历史文化而又富于革命传统的伟大的社会主义国家,北京、西安、开封、洛阳、沈阳等历史古城,在城池内都建造了许多气宇轩昂、富丽堂皇的宫殿、寺观和教堂,在山水花木之间建造了很多亭台楼阁及走廊等,有的至今仍然保持完好。还有很多地方存有近代革命运动和发生重大历史事件遗留下来的革命文物,如遵义会议会址、"八一"南昌起义遗址、党的七届二中全会西柏坡会址等。这些古代建筑、历史文物和革命文物都体现了中华民族悠久的历史、光荣的革命传统和光辉灿烂的文化,如若惨遭火劫,将会造成不可挽救、无法弥补且无法用金钱计算的经济损失。做好消防工作对保护和继承我国的历史文化遗产,发扬革命传统和教育后人,发展我国的旅游事业,都具有深远的历史意义和现实意义。

(三)减轻战争造成的火灾危害

无论是在现代战争中还是在古代战争中,"火攻"都是打击对方的一种经常使用的重要手段。据记载,西汉天汉二年(公元前99年),李陵率军至大泽芦苇中,匈奴单于的马军从上风方向放火,李陵则命令部下焚烧本军近旁的草木,使之不被延烧而自救。三国时期的诸葛亮、曹操等,都是擅长火攻的军事家,如诸葛亮的借东风火船烧毁曹营就是火攻的一个典型战例。唐代杜佑的《通典》在总结以往经验的基础上提出了,将"城扇及城喉(古代瞭望敌情的土堡)以泥厚涂备火""柴草之类贮积以泥厚涂之，防止火箭飞火"等防御火攻的一系列措施，以防止敌人利用火箭等火器攻城而引起火灾。

在现代战争中利用火攻就更为多见。如朝鲜战争开始不久，美国侵略军对新义州进行了一次空袭，投掷了大量凝固汽油弹，使全城成为一片火海，根本无法施救，大火烧了三天三夜，大部分房屋被烧光，炸死和烧死无辜平民3万多人。在海湾战争中，使科威特的600多口油井起火，平均每天有600万桶原油被白白烧掉，着火油井的火柱高达50m。据美国专家对卫星获得资料的研究结果表明，燃烧的科威特油井每小时喷发二氧化硫等污染物质可达1900t，燃烧的油井大火产生的抽吸作用在油井附近引起了时速为37km的大风等，对环境造成了严重影响，世界各国精干的灭火队用了一年多的时间才将大火全部扑灭，可见其危害之大。我们一定要提高警惕，加强战备观念，对战时消防要有充分的估计，采取必要的防范措施。对于火灾危险和政治影响大的工程，要充分考虑战备防范措施。

三、消防安全管理的主体、客体及职责

（一）消防安全管理的主体

消防安全管理的主体有政府、公安消防部队及专职消防队，其中主要进行消防安全管理的是国务院领导下的公安消防部队。

地方各级人民政府负责本行政区域内的消防工作。国务院领导全国的消防工作，县级以上人民政府及其有关部门在各自的职责范围内，依照消防法和其他相关法律、法规的规定做好消防工作。

公安消防部队隶属于公安机关领导，列入中国人民武装警察部队序列的现役部队，履行政府赋予的消防监督管理和灭火抢险救援两方面职能，主要承担建筑工程监督管理、火灾调查和火灾统计、经常性消防监督检查、消防科技和消防产品监督管理、消防教育培训、火灾扑救和其他灾害事故的抢险救援等任务，分设公安部消防局、省公安消防总队、市公安消防支队、区（县、市）公安消防大队以及公安消防中队五级组织机构。

专职消防队是我国消防力量的重要组成部分，是大、中型企业因其原料、产品、储存物资及工艺流程的危险性，为确保企业安全生产而建立的专门从事防火、灭火工作的专门企业组织。

（二）消防安全管理的客体

消防安全管理的客体是指对消防安全管理主体直接作用和影响的对象，政府、公安消防部队、单位及个人对消防安全工作全面负责。要通过健全消防安全管理制度、组织防火检查巡查、开展消防宣传教育培训、灭火和应急疏散演练等，不断提升检查消除火灾隐患能力、组织扑救初期火灾能力、组织人员疏散逃生能力和消防宣传教育能力。

（三）消防安全管理的职责

消防安全管理的主要任务：贯彻"预防为主，防消结合"的方针，严格消防监督管理，切实加强执勤战备训练，防止和控制火灾的发生，减少火灾的损失，以保卫国家经济建设、保护公共财产和人民生命财产的安全。

消防安全管理部门的主要职责有：组织开展消防安全检查，督促整改火灾隐患；督促有关部门、单位落实消防安全规定和技术标准；监督检查执行建筑设计防火规范的情况；参与城市消防规划的编制工作，督促城市建设和公用事业管理部门建设、维护和改善城市公用消防设施；进行火灾统计；教育管理所属部队，指导专职消防队和义务消防队开展工作；组织调查火灾原因，处理火灾事故。

基层消防大队、中队的职责有：坚持经常性消防技术、战术训练，不断提高灭火战斗能力；熟悉管界情况，制订灭火作战方案，进行实地演练；接到报警后，迅速出动投入灭火战斗；在灭火战斗中，要审时度势，采取最佳战术；扑救火灾时，要组织好火场供水以及器材和灭火剂的供应；公安消防部队在灭火战斗结束后，要认真检查火场，总结经验，吸取教训，以利再战；积极参加灾害事故的抢险救援和反恐处突任务。

第二节　消防安全工作的思想、方针、路线与原则

一、消防安全工作的指导思想

由于消防安全的最终目的是保护人的生命安全和财产安全，所以消防安全工作的指导思想就应当是"以人为本，科学发展"。

在消防安全工作中坚持"以人为本，科学发展"的指导思想，就是把人的生命和健康作为消防安全工作的本原、发展经济的前提和人民最大的福祉，就是把保护发展经济建立在保护人的生命安全、健康和人民长远利益的基础上。我们要以"以人为本"的思想和科学发展观统领消防安全工作的全局，坚持"安全第一"的原则，用科学的"发展"观，纠正片面的不科学的"发展"观，真正实现社会的进步、发展和人民群众的长远幸福与安宁。

具体在消防安全管理工作中，应当在以下四个方面体现"以人为本，科学发展"的思想。

第一，在发展经济与保障安全的关系上，要把安全放在第一位。在发展经济与保障安全的关系上，要把安全放在第一位，也就是人们常说的"安全第一"。因为发展经济是人民生活的需要、社会发展的需要、国防的需要。但是发展经济不是盲目的发展、掠夺性的发展和只有眼前利益的发展，更不能是以牺牲职工的生命、健康为代价换取的一时的经济发展。消防安全的目的是保护公民的生命安全，保护经济的发展。要发展经济，就必须坚持科学发展，把安全放在第一位，这是由消防安全工作的重要地位和作用所决定的。经济是基础，但经济发展并不等同于社会进步。因为人民的生命安全能否得到切实的保障是衡量社会进步的重要标志之一。往往发生一起重大、特大事故，不仅会造成人员的伤亡、经济的损失，而且在社会上容易产生恶劣影响。切实解决好消防安全问题，防止火灾等各种事故的发生，切实保障公民的生命安全、财产安全，改善公民的生存质量和作业环境，这正是消防安全工作的中心任务[①]。

[①] 赵丹.新形势下高校消防安全工作的思考与对策[J].吉林化工学院学报，2017，34（04）：89-92.

第二,在消防安全教育上,要把提高公民的消防安全意识和素质放在第一位。提高全民消防安全意识,形成全社会广泛"关注安全、关爱生命"的良好氛围,是消防安全工作的重要基础。在消防安全工作中坚持"以人为本,科学发展":一方面,要把保护人的生命安全作为出发点和落脚点;另一方面,还要做好人的工作,在提高人的安全文化、技术素质、调动人的积极性上下功夫。消防安全工作要广泛开展消防安全宣传教育,并从娃娃抓起。政府各级教育部门、各幼儿园、小学、中学以及各大学,都应当把对学生的消防安全教育列入工作日程,在向学生传授科学文化知识的同时,也把消防安全科普知识作为科学文化知识的一部分,进入课堂、进入教材、进入教案,进而进入学生的头脑;社会各媒体都应当把对大众的消防安全教育作为自己的职责和任务去做,切实提高全体公民的消防安全素质。

第三,在采取的防火安全措施上,要把保护人的生命的措施放在第一位。如在消防安全工作中,对一旦发生事故可能造成人员伤亡的危险部位采取更加严密的防火措施;对易燃易爆的重大危险源,公众聚集场所等人员密集的场所,作为消防安全工作的重点去抓;对安全疏散通道、安全门、应急事故照明、防烟排烟等保证人员安全疏散的措施,严格把关,确保落实等。

第四,在采取的灭火等救援战术和技术措施上,要把抢救和保护人的生命放在第一位。在灭火等救援战术上,要把抢救和保护人的生命放在第一位,坚持"救人重于救火"的原则。具体来讲,就是在火场上如遇有人员受到火势威胁,消防队员的首要任务就是把被大火围困的人员抢救出来。运用这一原则,要根据火势情况和人员受火势威胁的程度而定。在灭火力量较强时,灭火和救人可以同时进行,但绝不能因灭火而贻误救人时机。人未救出之前,灭火是为了打开救人通道或减弱火势对人员的威胁程度,从而更好地为救人脱险,为及时扑灭火灾创造条件。

二、消防安全工作的方针

我国消防安全工作的方针是"预防为主,防消结合"。这个方针是由原来的"以防为主,以消为辅"演变而来的,它继承了原方针的基本精神,更加准确和科学地表达了"防"和"消"的关系,正确地反映了同火灾做斗争的基本规律。

所谓预防为主，就是无论在指导思想上还是在具体行动上，都要把火灾的预防工作放在首位，贯彻落实各项防火行政措施、技术措施和组织措施，切实有效地防止火灾的发生。同时，由于消防安全工作涉及千家万户以及每个公民个人的切身利益，所以我们贯彻预防为主的方针，就必须在工作中动员和依靠人民群众，宣传和教育群众，使消防工作建立在坚实的群众基础上。

所谓防消结合，是指同火灾做斗争的两个基本手段——预防和扑救两者必须有机地结合起来。也就是在做好防火工作的同时，要积极做好各项灭火准备工作，以便在一旦发生火灾时能够迅速有效地予以扑救，最大限度地减少火灾损失，减少人员伤亡，有效地保护公民生命、国家和公民财产的安全。

贯彻"预防为主，防消结合"的方针，就是要把灾害预防工作放在消防工作首位，同时应把消防组织的建设和消防站、消防给水、消防通信等消防设施的建设放在重要位置，真正把灾害预防和灾害救援有机地结合起来，不偏废任何一个。

事实上，防和消是相辅相成的，二者缺一不可。防是消的先决条件，是做事故前的工作，事故防范工作做好了，就可以不发生或少发生事故；消是防的补救措施，是做事故后的工作，目的在于减少人员伤亡和灾害损失。防和消是达到消防安全的两种手段，二者相互联系，互相渗透，防中有消，消中有防。如在防火措施上采取的备置灭火器材、储备消防用水；在建筑布局上留出防火间距、保证道路畅通等措施都是为"消"做准备。另外，在扑救火灾的同时，查明火源位置、着火物质的性能、燃烧产物状况、火势蔓延的途径、建筑物的构造特点以及毗连状况和起火原因等，都是为了总结经验，制定预防灾害事故的措施。"重防轻消"或"重消轻防"的观念或做法都是片面的，也是不可取的。

总之，"预防为主，防消结合"的方针，是几十年来消防安全工作的经验总结。在社会主义现代化建设的进程中，只要我们认真贯彻这一方针，坚持"先其未然而防之，发而止之而救之，行而责之而戒之"的"防为上、救次之、责为下"的原则。消防安全工作就能沿着正确的方向发展，就能有效地防止和控制灾害事故的发生。

三、消防安全工作的路线

消防安全工作的路线是"专门机关与群众相结合"。消防安全工作实行该路线，是多年来我国消防安全工作经验的总结和升华，也是由消防安全工作既有较强的法制性、政策性和专业技术性，又有广泛的群众性、社会性的本质所决定的。消防安全工作没有一支专业化的队伍，没有专门机关的管理，就会放任自流，火灾也难以得到有效的控制；没有广大人民群众的参与，消防安全工作就会失去基础，就会丧失全社会抗御火灾的整体能力。消防安全工作应当实行"专门机关与群众相结合的路线"，在实际工作中的具体体现有以下三个方面。

一是在火灾预防方面，社会各单位和广大公民应当自觉遵守国家的消防法规和消防安全规章制度，及时消除火灾隐患；在生产、生活和工作中要有消防安全意识，懂得消防安全知识，掌握自防自救的基本技能，积极纠正和制止违反消防法规的行为。公安机关消防机构要依法进行监督管理，依法履行消防监督检查和建筑工程消防监督审核等各项法定职责，依法纠正和处罚违反消防法规的行为；同时，还应当热情服务，努力为社会各单位和广大群众排除在消防安全工作中遇到的问题和困难。

二是在灭火救援方面，任何人发现火灾都要立即报警，火灾发生单位要及时组织力量扑救火灾。任何单位和个人都应当服从火场指挥员的指挥，积极参加和支援灭火。火灾扑灭后，有关单位和人员还应当如实提供火灾事实情况，协助公安机关消防机构调查火灾事故。对于公安机关消防机构及其消防队来说，接到火警后必须立即迅速赶赴现场，救助遇险人员，排除险情，扑灭火灾，并负责组织和指挥火灾的现场扑救。

三是在社会单位管理方面，应当充分发挥职工群众的作用。职工群众工作在基层第一线，对第一线的情况了解得最直接、最实际、最客观。他们对火灾隐患的认识程度，执行消防安全规章制度的自觉程度，是决定单位能否达到消防安全的关键。消防安全工作必须宣传群众、组织群众、教育群众、充分发动和依靠群众，必须广泛开展消防安全教育，让职工群众真正认识到火灾的危害，掌握基本的火灾预防知识，知道怎样干、怎样做是安全的；能够自觉遵守国家的消防安全法规和规章制度，主动发现和消除火灾隐患，掌握自防自救的基本技能，积极纠

正和制止违反消防法规的行为。只有这样，消防安全才能够具有坚实的基础，才能有效预防灾害事故的发生。

四、消防安全工作的原则

（一）政府统一领导、部门依法监管、单位全面负责、群众积极参与原则

1. 政府统一领导

所谓政府统一领导，是指我国的消防安全工作由各级人民政府统一领导。国务院是我国的中央人民政府，领导全国的消防工作。各级人民政府应当把消防工作纳入国民经济和社会发展计划中，保障消防工作与经济社会发展相适应；应当组织开展经常性的消防宣传教育，提高公民的消防安全意识；应当将包括消防安全布局、消防站、消防供水、消防通信、消防车通道、消防装备，乃至消防力量建设等内容的消防规划纳入城乡规划，并负责组织实施；地方各级人民政府应当落实消防工作责任制，对本级人民政府有关部门履行消防安全职责的情况进行监督检查等，这些都是《消防法》规定的各级政府统一领导消防安全工作的责任内容。

2. 部门依法监管

部门依法监管是指各级政府所属的有关部门应当在各自的职责范围内依法履行消防安全的监管责任，主要应当包括两个方面：一是对具有行政审批和执法职能的部门，应当认真依法履行法律明确规定的职责；二是对涉及政府的有关部门自己有系统有行业的，要依据有关规定，在部署自己系统、行业工作的同时，要把消防安全工作与之同部署、同检查、同落实、同考评，保证自己系统行业的消防安全。

（1）县级以上地方人民政府公安机关对本行政区域内的消防工作实施监督管理，并由本级人民政府公安机关消防机构负责实施。公安机关消防机构应当对机关、团体、企业、事业等单位遵守消防法律、法规的情况依法进行监督检查；

应当加强消防法律、法规的宣传,并督促、指导、协助有关单位做好消防宣传教育工作;公安派出所负责日常消防监督检查、开展消防宣传教育等。

(2)教育、人力资源行政主管部门和学校、有关职业培训机构应当将消防知识纳入教育、教学、培训的内容。

(3)新闻、广播、电视等有关单位,应当有针对性地面向社会进行消防宣传教育。

(4)工会、共产主义青年团、妇女联合会等团体应当结合各自工作对象的特点,组织开展消防宣传教育。

3.单位全面负责

火灾发生最主要的就是单位(当然,还有家庭)。单位发不发生火灾,起决定性作用的不是政府,也不是公安消防部门,关键是靠单位自己,靠自己做好具体消防安全工作。机关、团体、企业、事业等单位的法定代表人和消防安全管理人,应当承担起自己的主体责任,认真履行法定的消防安全职责,建立健全消防安全制度和安全操作规程,落实消防安全措施,加强对本单位人员的消防安全培训和宣传教育,积极承担维护消防安全、保护消防设施、预防火灾、报告火警和参加有组织的灭火工作的义务。

4.群众积极参与

公民组成了单位和家庭,同时单位和家庭又组成了社会。单位和家庭是社会的基本单元和社会基础。每位公民的消防安全做好了,那么全社会的消防安全也就有了基础和保障。不论是单位还是家庭,每位公民都应当积极参与,努力做好自己身边的消防安全工作。同时,公民既是参与者,也是监督者,要监督自己周边所发现的违法行为,对违法行为要给予制止并检举揭发,以共同维护好消防安全,这是每位公民的责任和义务。

(二)"属地管理为主"的原则

所谓"属地管理为主",是指无论什么企业或单位,其消防安全工作均由

其所在地的政府为主管理，并接受所在地公安消防机关的监督。如《消防法》第三条规定，地方各级人民政府负责本行政区域内的消防工作；同时，第四条还规定，县级以上地方人民政府公安机关对本行政区域内的消防工作实施监督管理，并由本级人民政府公安机关消防机构负责实施。

第二章　消防监督检查

第一节　消防监督检查概述

一、消防监督检查的含义

消防监督检查，有狭义和广义之分。广义上的消防监督检查，是指消防监督检查主体依法对公民、法人或者其他组织是否遵守消防法律、法规情况所进行的检查、了解，并督促其履行义务的执法行为。实施消防监督检查的主体包括公安机关、公安机关消防机构、公安派出所、法律及法规规定的其他消防行政主体。而狭义上的消防监督检查，则是指公安机关消防机构、公安派出所依法对单位进行的消防监督检查行为。本书所述的消防监督检查为狭义的消防监督检查，主要讨论以公安机关消防机构为检查主体的消防监督检查。

二、消防监督检查的特征与作用

（一）消防监督检查的特征

消防监督检查不同于其他消防执法行为，其具有如下特征。

1.消防监督检查的主体是各级公安机关消防机构和公安派出所

根据《消防法》的规定和我国消防监督检查分级制度，消防监督检查一般由城市（直辖市、副省级市、地级市、县级市以及市辖区）的公安机关消防机构和县（旗）的公安机关消防机构实施。公安派出所可以负责日常消防监督检查。

2.消防监督检查的对象是特定的消防监督管理相对人

公安机关消防机构应当对机关、团体、企业、事业等单位遵守消防法律、法规的情况依法进行监督检查。可见，公安机关消防机构消防监督检查的对象是指机关、团体、企业、事业等单位。机关，是指国家依法设立的代表国家依法行使立法、行政、审判、检察和军事等权利的组织。团体，是指由公民自愿组成，为实现会员共同意愿。按照其章程开展活动的非营利性组织，如各种协会、学会、工会、共青团、妇联、文联、社联等。企业，是指从事商品生产和经营活动，并以营利为目的的经济组织。事业单位，是指国家为了社会公益目的，由国家举办或者其他组织利用国有资产举办的，从事教育、科技、文化、卫生等活动的社会服务性的组织。

公安派出所可以对居民住宅区的物业服务企业、居民委员会、村民委员会履行消防安全职责的情况和上级公安机关确定的单位实施日常消防监督检查。这里的"上级公安机关确定的单位"，是指由省级公安机关消防机构、公安派出所工作主管部门共同研究拟定。报省级公安机关确定的单位。需要指出的是，具有固定生产经营场所且达到一定规模的个体工商户也是消防监督检查的对象。具有固定生产经营场所且具有一定规模的个体工商户，应当纳入消防监督检查范围。也就意味着，对于有固定生产经营场所且达到一定规模的个体工商户可作为单位对待，适用《消防监督检查规定》，属于公安机关消防机构和公安派出所消防监督检查的范围。

3.消防监督检查的内容是检查被检查对象的守法情况

消防监督检查是对单位遵守消防法律、法规情况进行的检查。消防监督检查的内容是单位的守法情况，并对确认的消防违法行为依法处理。

4.消防监督检查既可能是依职权的执法行为又可能是依申请的执法行为

一般情况下，消防监督检查是消防监督检查主体一种法律上的职权行为，

在其职权行使和行为方式上，无须征得检查对象的同意或以检查对象的申请为启动条件，而是由消防监督检查主体根据其职权、职责和公共消防安全管理的需要，依照法定的检查权限主动实施的。需要注意的是，《消防监督检查规定》将公众聚集场所投入使用、营业前的消防安全检查和大型群众性活动举办前的消防安全检查也列入了消防监督检查的范围。作为消防监督检查的特例，这两类消防安全检查行为需要以当事人的申请为启动条件，属于依申请的执法行为。其中，公众聚集场所投入使用、营业前的消防安全检查，由建设单位或者使用单位在具备一定的条件后向场所所在地的公安机关消防机构申请；大型群众性活动举办前的消防安全检查，由大型群众性活动的承办者在具备法定安全条件后向公安机关申请安全许可，公安机关消防机构负责对大型群众性活动的消防安全情况进行检查[①]。

5.消防监督检查具有强制性

消防监督检查的强制性表现为：一方面，对单位进行消防监督检查，是《消防法》赋予公安机关消防机构和公安派出所的法定职权，任何单位都必须自觉接受公安机关消防机构和公安派出所的监督检查，不得拒绝或阻挠；另一方面，对于消防监督检查中所发现的违法行为、火灾隐患，公安机关消防机构和公安派出所必须以正式的书面形式即相关的法律文书通知被检查单位，被检查单位必须按要求改正违法行为和整改火灾隐患，否则就要承担相应的法律后果。对于依申请的消防安全检查，如果申请人不向公安机关消防机构提出消防安全检查的申请，公安机关消防机构一般不主动实施检查，但如果申请人不经申请擅自将公众聚集场所投入使用、营业，将会依法受到查处。

（二）消防监督检查的作用

国家实施消防监督检查制度，通过监督检查的方式不仅可以使专门机关获得被检查单位的消防安全状况信息、监督社会各单位遵守消防法律规范，而且还能发挥以下作用：

---

①杨璐颖，谈迅，宋喆，等.消防监督检查创新模式研究[J].消防科学与技术，2020，39（01）：119-122.

（1）督促社会各单位切实执行国家消防法律规范和技术标准，履行自身的消防安全职责；

（2）及时发现、纠正和查处违反消防法律规范的行为，发现和消除火灾隐患；

（3）通过检查发现本地区消防安全存在的共性问题或突出问题，提请相关部门制定相关对策，保证本地区的安全，实现消防安全宏观管理与控制；

（4）发现国家现行消防法律规范、技术标准所存在的问题，为制定或修订消防法律规范、政策、技术标准提供基础资料。

三、消防监督检查的法律依据

《消防法》《消防监督检查规定》等相关的消防法律规范，对公安机关消防机构和公安派出所消防监督检查的职责、程序以及检查的内容等都做出了具体的规定，这些规定是公安机关消防机构和公安派出所进行消防监督检查的法律依据。此外，在认定火灾隐患时，还会依据相关的消防标准，如《重大火灾隐患判定方法》（GA653）、《消防产品现场检查判定规则》等做出判断，这些相关的消防标准也是消防监督检查的依据。

四、消防监督检查的分工

我国消防监督检查实行分级管理与属地管理相结合的制度，具体分工如下。

一是公安部消防局是全国消防工作的业务主管部门。负责对全国消防监督检查工作的监督、检查与业务指导。

二是省、自治区、直辖市公安机关消防机构主要负责组织贯彻落实有关消防监督检查的法律规范和政策，并对下级公安机关消防机构的消防监督检查工作进行监督、检查和业务指导。

三是城市（直辖市、副省级市、地级市、县级市以及市辖区）和县（旗）的公安机关消防机构具体实施辖区内的消防监督检查工作。同时，上级公安机关消防机构还对所属下级公安机关消防机构实施消防监督检查工作负有监督和业务指

导的职责,并对公安派出所开展日常消防监督检查工作进行指导与业务培训。

四是公安派出负责对本辖区居民住宅区的物业服务企业、居民委员会、村民委员会履行消防安全职责的情况和上级公安机关确定的单位实施日常消防监督检查。

第二节　消防监督检查的形式、内容与方法

消防监督检查是国家赋予公安消防机构的重要职责。消防监督检查既是公安消防机构依照法律行使社会消防监督管理的一项职权,也是发现和消除火灾隐患,纠正违法违章行为,预防和减少火灾的基本手段。通过监督检查,公安消防机构可获得被检查单位的消防安全状况信息,发现并纠正其存在的违反消防法规的行为,同时消防监督检查的资料还可为国家制定与修改消防法规及当地政府关于消防工作的决策提供基础信息。

一、消防监督检查的形式

消防监督检查的形式包括:对单位进行监督抽查;对公众聚集场所在使用或开业前、对具有火灾危险的大型群众性活动在举办前进行的消防安全检查;对举报、投诉的消防违法行为进行查处;对恢复施工、使用、生产、营业或者举办进行的消防安全检查;根据需要进行的其他消防监督检查。这五种检查形式,既反映了我国建立和完善社会主义市场经济的形势需要,也体现了消防工作改革、创新和发展的方向,突出了消防监督检查的重点。

(一)对公众聚集场所在使用或者开业前的消防行政许可进行检查

公众聚集场所主要是指歌舞厅、影剧院等公众娱乐场所以及宾馆、饭店、商场、集贸市场、体育场馆、会堂、其他依法需要经消防安全检查合格后方可使用或者开业的场所。这类场所具有建筑层数多、面积大、可燃装修材料多、使用功能复杂的特点;另外,营业期间人员密集,营业用火、电、气量大、点多,加

之顾客对整个场所的消防安全状况及安全疏散设施不熟悉，逃生自救手段不多。使得上述场所发生火灾的概率增大，且一旦发生火灾，极易造成群死群伤的恶性事故。此类场在使用或开业前应向当地公安消防机构申报，公安消防机构对提出申报的场所依法进行消防安全检查，经公安消防机构检查合格后方可使用或者开业。由此，对公众聚集场所在使用或者开业前进行消防安全检查，成为公安消防机构实施消防监督检查的一种法定形式[①]。

（二）对具有火灾危险的大型群众性活动在举办前的消防行政许可进行检查

对具有火灾危险的大型群众性活动在举办前进行消防安全检查，是《消防监督检查规定》中确定的公安消防机构实施消防监督检查的形式之一。这主要是因为各地政府或民间组织为了丰富人民群众的精神生活、繁荣文化市场，经常举办一些公益性、商业性、自发性的具有火灾危险的大型群众性集会、烟火晚会、灯会等活动。此类活动在举办过程中如果发生火灾事故，极易导致人员伤亡，造成财产损失，造成较为恶劣的社会影响。此类活动在举办前需要向公安消防机构申报，经公安消防机构对活动现场进行消防安全检查合格后方可举办。

（三）对单位进行监督抽查

实施抽样性监督检查，前提是确定量化标准及工作量。所谓量化标准及工作量就是指：消防监督检查人员平均每周用于到单位实施消防监督检查的时间以及能够检查的单位数量。其中，在估算监督检查人员每周实施监督检查的时间时，应除去其用于其他执法、学习和开展社会消防教育培训等任务的时间。各地公安消防机构必须通过调查研究，结合自身实际情况来确定量化标准及工作量。

（四）对举报、投诉的消防违法行为进行查处

随着人们消防安全意识和法治意识的不断提高，以及消防法律知识的普及，越来越多的人开始关注所处环境的消防安全状况以及消防执法行为。投诉、举报

---

① 李卿.消防监督检查的原则探究[J].科技资讯，2011（34）：243.

是人们向相关部门反映发现的消防违法行为的一种方式。不论是消防机构还是其他部门接到的关于消防违法行为的举报、投诉，均由公安消防机构负责处理。公安消防机构应当对举报、投诉的消防违法行为进行查处。

实践中，作为公安消防机构，对于所受理的举报、投诉案件应适时组织检查，对安全出口上锁、疏散通道堵塞的举报、投诉，应当在24小时内进行核查；对其他消防违法行为的举报、投诉，应当在4个工作日内进行核查。情况属实的，应当按照规定进行处理，并及时将检查核查情况及处理结果反馈给举报、投诉的单位或个人，无法告知的，应当在《消防违法行为举报、投诉查处情况记录》上注明。这样做：一方面使属实的违法行为得到及时纠正与处理，保护违法行为侵害对象的合法权益；另一方面则是对举报、投诉行为的鼓励，有助于维护他们关心消防安全的积极性。

公安消防机构受理对消防违法行为的举报、投诉，应当填写《消防违法行为举报、投诉查处情况记录》，举报、投诉人要求保密的，应当为其保密。

（五）对恢复施工、使用、生产、营业或者举办进行的消防安全检查

对于责令停止施工、停止使用、停产停业或者停止上举办后，单位经整改具备消防安全条件的，由单位提出恢复施工、使用、生产、营业或者举办的书面申请后，公安消防机构应当进行消防安全检查。经检查确认单位已经改正消防违法行为，应当同意恢复施工、使用、生产、营业或者举办；对消防违法行为尚未改正，不具备消防安全条件的，不得同意恢复施工、使用、生产、营业或者举办。

（六）根据需要进行的其他消防监督检查

根据需要进行的其他消防监督检查除上述法定形式的消防监督检查外，各地公安消防机构都要根据火灾特点、重大节日前后以及火灾多发季节，组织一些覆盖范围广、群众性强的消防安全检查；以及根据政府的部署或配合其他职能部门所进行的消防安全检查。如公共娱乐场所、建筑消防设施、违章混合建筑等专项监督检查。

公安消防机构对于不同形式的监督检查结果，可以通过适当方式予以通报或向社会公布。在组织监督检查时，应事先公告检查的范围、内容、要求和时间，这样做符合行政公开的原则，有利于监督检查行为的公正，有利于社会的监督。

二、消防监督检查的内容

（一）公安消防机构进行消防监督抽查时应检查的内容

（1）被检查单位的建筑物或者场所是否通过了公安消防机构消防设计审核、消防验收、消防安全检查。按照国家工程建筑消防技术标准需要进行消防设计的建筑工程，设计单位应当按照国家工程建筑消防技术标准进行设计，建设单位应当将建筑工程的消防设计图纸及有关资料报送公安消防机构审核；未经审核或者经审核不合格的，建设行政主管部门不得发给施工许可证，建设单位不得施工。经公安消防机构审核的建筑工程消防设计需要变更的，应当报经原审核的公安消防机构核准；未经核准的，任何单位、个人不得变更。按照国家工程建筑消防技术标准进行消防设计的建筑工程竣工时，必须经公安消防机构进行验收；未经验收或验收不合格的，不得投入使用。对单位进行监督抽查时，应首先检查其建筑物或场所的合法性。

（2）建筑物的使用性质是否符合规定。随着时间的推移，建筑物或场所的使用者可能根据生产方式、经营方向、使用功能的调整，而改变其使用性质，致使按原使用性质确定的建筑耐火等级、内装修材料等级、自动消防系统等与改变后的使用性质不能完全相符。为此，在检查时，应根据历次检查所形成的法律文书，认真检查是否存在使用性质的变化。

（3）疏散通道、安全出口、疏散指示标志、应急照明、消防车通道、防火防烟分区、防火间距是否符合规定。火灾一旦发生，建筑物内所设置的安全疏散通道、安全出口必须保持畅通，用于安全疏散的应急照明、疏散指示标志灯应立即投入工作，方便被困人群的疏散，减少人身伤亡；防烟分区、防火分区的完好则有利于控制烟气或火灾的蔓延，为消防人员扑救火灾创造条件；顺畅的消防车道更有利消防车辆接近火场，使得消防人员能够迅速实施灭火救援，减少财产损失。由此可见，上述一个或几个方面出现问题，就会造成不可挽回的损失。消防监督检查人员应加强对上述内容的检查。

（4）消防设施运行、消火栓状况以及灭火器材配置是否符合规定。消防设施尤其是自动消防系统，是建筑物或场所抗御火灾的主要手段，消火栓及灭火器材则是扑救初起火灾的主要工具。检查时应侧重检查它们的运行是否良好，配件是否齐全，配置是否合理。

（5）消防控制室的值班操作人员是否持证上岗。自动消防系统设备是建筑智能设备的重要组成部分，为使其充分发挥自防自救的能力，就需要其操作人员具备一定的专业知识并且经消防专门机构培训合格后方可上岗。

（6）其他需要检查的内容。其他需要检查的内容包括：消防安全责任落实情况、消防安全管理制度的制定和落实情况、开展消防安全教育培训情况、实施防火巡查、防火检查情况、灭火和应急疏散预案的制定和演练情况、消防档案的建立情况。

以上第（3）、（4）项内容，检查的部位、数量可以采取抽查的方式。

（二）对公众聚集场所申报使用或者开业前消防安全检查的内容

（1）是否依法通过了公安消防机构消防设计审核、消防验收。

（2）疏散通道、安全出口、疏散指示标志、应急照明是否符合规定。

（3）消防设施运行、消火栓状况以及灭火器材配置是否符合规定。

（4）其他需要检查的内容。内容包括：消防安全组织的建立情况和消防安全责任落实情况、消防安全管理制度和相关操作规程建立情况、员工消防安全培训情况以及灭火和应急疏散预案制定情况。

以上第（2）、（3）项内容，检查的部位、数量可以采取抽查的方式。

（三）对举办集会、焰火晚会、灯会等具有火灾危险的大型群众性活动前申报消防安全检查的内容

（1）室内活动使用的建筑物（场所）是否依法通过了公安消防机构消防设

计审核、消防验收、消防安全检查。

（2）室内活动使用的建筑物疏散通道、安全出口、疏散指示标志、应急照明是否符合规定。

（3）消防设施运行、消火栓状况以及灭火器材配置是否符合规定。

（4）其他需要检查的内容。

以上第（2）、（3）项内容，检查的部位、数量可以采取抽查的方式。

三、消防监督检查的方法

消防监督检查方法是公安消防机构为了达到检查的目的，所采取的某种预先确定的检查手段。在检查活动中，消防监督检查人员应根据检查对象的实际情况，灵活运用各种方法、手段，同时还应善于观察与思考，应做到细查，确实掌握被检查对象的真实情况。检查方法的正确与否，直接关系到检查的效果，为了保证监督检查效果，《消防监督检查规定》确定了如下检查方法。

（一）询问单位防火工作和员工消防知识掌握等情况

"询问"是公安消防机构监督检查人员在检查时最常用的方法之一，通过向被检查单位消防安全责任人、消防安全管理人、消防安全管理人员以及有关人员的询问，了解单位消防工作的开展情况以及领导对消防工作的熟悉和重视程度；通过对员工的询问，了解该单位消防安全管理制度的执行情况、单位消防宣传教育情况等。询问可以采用随机抽查的方式，边检查边询问边记录，一般不需要做专门的询问记录。采用这种方法时，消防监督检查人员应在事前做好充分准备，避免盲目性。如询问或测试哪些人，哪些方面的问题，问题的难易度与普遍性等，都应在检查前根据将要检查的单位特点进行精心设计，这样才能达到询问或者测试的目的。

（二）查阅有关消防安全的文件、资料

消防监督检查人员通过查阅被检查单位的消防档案和其他与消防安全有关

的文件、资料，一方面可以全面了解单位的消防安全状况，另一方面也是对单位是否执行国家有关规定的一种监督。《消防法》规定属于消防安全重点单位的机关、团体、企业、事业单位应当建立防火档案，确定消防安全部位，设置防火标志，实行严格管理；实行每日防火巡查，并建立巡查记录；对职工进行消防安全培训；制定灭火和应急疏散预案，定期组织演练。在查阅消防安全重点单位消防档案时需要注意以下几个方面。

（1）制定的各种消防制度和操作规程是否全面并符合有关消防法律法规和实际需要。

（2）各种检查记录、值班记录是否详细填写。

（3）重点单位制定的灭火和应急疏散预案是否具有合理性和可操作性。

与消防安全有关的资料包括：有关建筑工程消防设计审核和消防验收的文件、资料；各项防火安全管理制度；防火检查、巡查及消防培训教育记录；新增消防产品、防火材料的合格证明材料；消防设施定期检查记录和对建筑自动消防系统进行全面检查测试维修保养的报告；与消防安全有关的电气设备检测（包括防静电、防雷）等记录资料；燃油、燃气设备安全装置和容器检测的记录资料；其他与消防安全有关的文件、资料。查阅这些资料时，要注意资料的真实性和有效性，必要时，应对有疑问的内容进行实际情况检查，加以确认。

（三）查看消防设备、设备外观及运行情况

查看消防设施、设备运行情况，就是根据有关消防技术规范对被检查单位的消防设施、设备运行现状进行检查，确认其是否处于完整好用状态。

建筑消防设施、设备涉及的内容较广，归纳起来共13类，分别是：

（1）建筑防火及安全疏散设施，如防火门、防火窗、防火卷帘、防火阀、推闩式外开门、消防电梯等；

（2）消防给水，含消防水池、室内和室外消火栓、消火栓启泵按钮、管网阀门、水泵结合器、消防水箱、增压设施、消防卷盘（消防水喉）、消防水泵及其标志牌；

（3）防烟、排烟设施，含排烟窗开启装置、挡烟垂壁、机械防烟设施（送风口、送风机）、机械排烟设施（排烟口、排烟风机）；

（4）电气与通讯，含消防电源、自备发电机、疏散指示标志、火灾应急照明、可燃气体浓度检漏报警装置、消防专用电话插孔、手动报警按钮等；

（5）自动喷水灭火系统（包括湿式、预作用、雨淋喷水灭火系统和水幕系统），含水源及供水装置、各类喷头、报警阀、水力警铃、系统检验装置、压力表、水流指示器、管道充气装置、排气装置等；

（6）火灾自动报警系统，含各类火灾报警探测器、各级火灾报警控制器、联动控制器和系统接地装置等；

（7）气体灭火系统（包括二氧化碳，卤代烷和其他气体灭火系统），含各类喷头、储存装置、选择装置、管道及附件以及防护门、窗；

（8）水喷雾自动灭火系统，含水雾喷头、雨淋阀组、过滤器传动管、水源和供水装置等；

（9）低倍数泡沫灭火系统，含泡沫消防泵、泡沫比例混合器、泡沫液压力储罐、泡沫产生器、控制阀、固定泡沫灭火设备、泡沫勾管、泡沫消火栓、泡沫喷淋头；

（10）高、中倍数泡沫灭火系统，含水泵、泡沫液泵、控制箱、泡沫发生器、比例混合器、泡沫液罐、压力开关、管道过滤器、导泡筒等；

（11）蒸汽灭火系统；

（12）移动式灭火器材；

（13）其他灭火系统。

对于上述消防设备、设施，主要进行外观检查，就是在不使用专业检测工具的情况下，通过眼看、耳听、手摸等方法，做抽样性外观检查，来判断该系统是否处于准工作状态；系统组件是否完整，有无损坏；各组件、阀门、开关等是否按要求处于启闭位置；各种仪表显示屏显示的位置是否在正常的允许范围等，发现问题应及时督促被检查单位整改。

（四）抽查测试消防设施功能

借助专业检查、测试设备、仪器对建筑消防设施、设备进行功能检查测试，能进一步提升消防监督工作的科技含量，是消防监督检查工作的发展方向。进行消防监督检查前，检查人员应该熟悉所查消防设施的基本组成、工作原理、操作规程和检查测试方法，以及测试中应注意的事项。一些常规消防设施检查测试，如室内外消火栓压力测试、消防电梯强制停靠测试、消火栓远程启动测试、火灾报警探测器报警和故障功能测试等，应与单位消防设施专业维护管理人员共同进行。

（五）检查灭火、疏散预案等的操作情况

灭火及疏散预案不仅关系到单位在紧急情况下是否能快速处置初起火灾事故、减少财产损失，更重要的是关系到人员安全，是保障人员紧急疏散、最大限度地减少人员伤亡的关键措施。消防安全重点单位以及公众聚集场所，必须结合自身的火灾特点，制定切实可行的灭火、疏散预案，并定期进行演练和修订，不断充实完善。消防监督检查人在监督检查时，不能局限于被检查单位是否制定了灭火、疏散预案，而且应抽查单位防火负责人，消防保安人员和员工对灭火、疏散预案的熟悉掌握程度，有条件的还可以采取实地演练的方式，对某一重点部位进行灭火预演，检查防火负责人的指挥能力，或义务消防队员的灭火和协调能力以及员工疏散等情况。通过演练，发现预案中存在的问题，并提供有益的指导与建议。

第三节　典型场所的消防监督检查

一、公众聚集场所的检查

公众聚集场所的消防安全历来是消防监督管理的重点，这些场所一旦发生火灾，危害极大，极易造成人员伤亡和财产损失，影响社会稳定。公众聚集场所在使用或者开业前，应当向当地公安消防机构申报，经消防安全检查合格后，方可

使用或者开业。对公众聚集场所使用或者开业前的消防监督检查的目的是进一步督促单位贯彻消防法规,健全消防安全制度,落实消防安全责任制和各项消防安全措施,确保这些场所的安全。根据《消防法》第十二条的规定,歌舞厅、影剧院、宾馆、饭店、商场、集贸市场等公众聚集的场所,在使用或者开业前,应当向当地公安消防机构申报,经消防安全检查合格后,方可使用或者开业。

公众聚集场所包括公共娱乐场所,如旅馆、宾馆、饭店、餐馆、商场、超市和室内市场等,公共的体育场(馆)、会堂以及大、中专院校和寄宿制中、小学校、幼儿园、医院等。

(一)申请消防安全检查的条件

申报使用或者开业前消防安全检查的公众聚集场所,应符合下列条件:

(1)应依法通过了公安消防机构消防设计审核、消防验收;

(2)疏散通道、安全出口、疏散指示标志、应急照明应符合规定;

(3)消防设施运行、消火栓状况及灭火器材配置应符合规定;

(4)其他相关法律、法规有规定的。

(二)消防安全检查单位和场所的规定

1.应列为消防安全检查的单位和场所

(1)建筑面积50m²以上(含本数,下同)的歌舞厅、录像厅、夜总会、放映厅、卡拉OK厅(含具有卡拉OK功能的餐厅)、游艺厅(含电子游艺厅)、桑拿浴室(除洗浴部分外)、网吧等歌舞娱乐放映游艺场所。

(2)设区市所在城区建筑面积1000m²以上,县(市)建筑面积300m²以上且经营可燃物品的商场(商店、市场)。

(3)床位数在50张以上的宾馆、饭店等住宿场所。

(4)建筑面积300m²以上的非娱乐性质的餐饮场所或茶座(楼、馆)。

（5）保龄球馆、旱冰场、按摩院等营业性健身、休闲场所。

（6）影剧院、礼（会）堂、公共体育场（馆）。

（7）其他依法须经消防安全检查合格后方可使用或者开业的公众聚集场所。

2.可不再进行消防安全检查的单位和场所

公安消防机构对规模较小，且经消防设计审核、验收合格的公众聚集场所，不再进行开业和使用前的消防安全检查。其范围是：

（1）设区市所在城区建筑面积在1000m²以下，县（市）建筑面积在600m²以下的商店、商场；

（2）设区市城区客房数在50间以下，县（市）客房数在30间以下的宾馆等住宿场所；

（3）建筑面积在200m²以下的歌舞娱乐放映游艺场所；

（4）建筑面积200m²以下的保龄球馆、按摩院、酒吧、咖啡厅或茶座（楼、馆）等营业性健身、休闲场所；

（5）设区市建筑面积500m²以下，县（市）建筑面积300m²以下的非娱乐性质的餐饮场所；

（6）省会市城区营业面积200m²以下，其他县、市（区）城区营业面积100m²以下的网吧。

（三）消防安全检查的实施及受理权限

公众聚集场所使用或者开业，由经营单位申报。

（1）设区市新建、扩建、改建和装修的公众聚集场所申报使用或者开业，由实施消防设计审核、验收的公安消防机构受理。

（2）设区市城区消防安全重点单位内设置的公众聚集场所申报使用或者开业的，由辖区大队受理。

（3）县（市）大队对本辖区内公众聚集场所开业和使用前消防安全检查申报进行受理、审批。

（四）消防安全检查的期限和程序

对于具有火灾危险的大型群众性活动举办前申报的消防安全检查和公众聚集场所使用或者开业前申报的消防安全检查，公安消防机构应当自依法受理之日起4个工作日内进行检查；自检查之日起3个工作日内制作并送达《消防安全检查意见书》。

（五）批准的权限和实施

1.撤销批准的条件

公安消防机构发现依法投入使用或者开业的公众聚集场所，在使用或者经营中存在重大火灾险隐患逾期不改的。不再具备消防安全条件的，除依法予以责令停产停业的处罚外，还应当撤销原同意其使用或者开业的《消防安全检查意见书》，并予以公示。

2.撤销批准的管辖

（1）《撤销批准决定书》由发出《消防安全检查意见书》的公安消防机构或其上一级公安消防机构制作并送达。

（2）《消防安全检查意见书》不是由辖区公安消防大队发出的，该大队在复查后1个工作日内向支队书面报告，由支队做出撤销批准决定并将撤销决定告知大队。

3.撤销批准的程序

（1）消防监督人员经过复查，确认该公众聚集场所存在的火灾隐患未整改完毕，不再具备延期整改理由。

（2）公安消防机构依照消防行政处罚程序对公众聚集场所给予责令停产停业的处罚。

（3）制作《撤销批准决定书》，经承办部门负责人审核后，报公安消防机构负责人签发。

（4）消防监督人员将《撤销批准决定书》与《行政处罚决定书》一并送达被检查单位。

（5）《撤销批准决定书》送达当事人时，应当抄送该单位的行业主管部门和当地工商等行政管理部门，同时报上一级公安消防机构备案。

（6）对责令停产停业的单位经整改后符合消防安全条件的，按使用和开业前消防安全检查程序重新申报[①]。

（六）场所审核验收要求

根据《中华人民共和国消防法》的规定，凡新建、改建、扩建工程和内部装修的，其消防设计应当符合国家有关建筑消防技术标准的规定。建设或者经营单位应当依法将消防设计图纸报送当地公安消防机构审核，经审核同意方可施工；工程竣工时，必须经公安消防机构进行消防验收，未经验收或者经验收不合格的，不得投入使用。

公安消防监督机构应当将一定规模的公共娱乐场所列为消防安全重点单位，定期进行监督抽查。抽查时应当依据《中华人民共和国消防法》《消防监督检查规定》《公共娱乐场所消防安全管理规定》《人员密集场所消防安全管理》以及《机关、团体、企业、事业单位消防安全管理规定》等法律法规，重点检查公共娱乐场所的合法性、建筑防火设计、消防设施完好有效状况及单位自身履行消防安全管理职责等情况，发现违反消防法律、法规的行为，应当责令改正，并依法实施消防行政处罚。

---

①徐洪勋，杨国强.典型场所消防技术发展趋势的相关研究[J].今日消防，2019，4（03）：40-41.

二、仓库的检查方法与程序

仓库是物资集中储存的场所,包括由国家、集体和个体经营的各类仓库、堆栈、货场。仓库的消防安全必须贯彻"预防为主,防消结合"的方针,加强消防管理,实行消防安全责任制。

(一)仓库的消防管理组织及管理职责

(1)仓库应当确定一名主要领导人为防火负责人,全面负责仓库的消防安全管理工作。仓库防火负责人负有下列职责:组织学习贯彻消防法规,完成上级部署的消防工作;组织制定电源、火源、易燃易爆物品的安全管理和值班巡逻等制度,落实逐级防火责任制和岗位防火责任制;组织对职工进行消防宣传、业务培训和考核,提高职工的安全素质;组织开展防火检查,消除火险隐患;领导专职、义务消防队组织和专职、兼职消防人员,制订灭火应急方案,组织扑救火灾;定期总结消防安全工作,实施奖惩。

(2)国家储备库、专业仓库应当配备专职消防干部;其他仓库可以根据需要配备专职或兼职消防人员。国家储备库、专业仓库和火灾危险性大、距公安消防队较远的其他大型仓库,应当按照有关规定建立一支专职消防队。

(3)各类仓库都应当建立义务消防组织,定期进行业务培训,开展自防自救工作。

仓库防火负责人的确定和变动,应当向当地公安消防监督机构备案;专职消防干部、人员和专职消防队长的配备与更换,应当征求当地公安消防监督机构的意见。

(4)仓库保管员应熟悉储存物品的分类、性质、保管业务知识和防火安全制度,掌握消防器材的操作使用和维护保养方法,做好本岗位的防火工作。

(5)对仓库新职工应当进行仓储业务和消防知识的培训,经考试合格,方可上岗作业。

(6)仓库严格执行夜间值班、巡逻制度,带班人员要认真检查,督促落实。

（二）仓库的火源管理

仓库应当设置醒目的防火标志。进入甲、乙类物品库区的人员，必须登记，并交出携带的火种。库房内严禁使用明火。库房外动用明火作业时，必须办理动火证，经仓库或单位防火负责人批准，并采取严格的安全措施。动火证应当注明动火地点、时间、动火人、现场监护人、批准人和防火措施等内容。库房内不准使用火炉取暖。在库区使用时，应当经防火负责人批准。防火负责人在审批火炉的使用地点时，必须根据储存物品的分类，按照有关防火间距的规定审批，并制定防火安全管理制度，落实到人。库区以及周围50m内，严禁燃放烟花爆竹。

（三）仓库的消防设施和器材管理

仓库内应当按照国家有关消防技术规范，设置、配备消防设施和器材。消防器材应当设置在明显和便于取用的地点，周围不准堆放物品和杂物。仓库的消防设施、器材，应当由专人管理，负责检查、维修、保养、更换和添置，保证完好有效，严禁圈占、埋压和挪用。

甲、乙、丙类物品国家储备库、专业性仓库以及其他大型物资仓库，应当按照国家有关技术规范的规定安装相应的报警装置，附近有公安消防队的宜设置与其直通的报警电话。对消防水池、消火栓、灭火器等消防设施、器材，应当经常进行检查，保持完整好用。地处寒区的仓库，寒冷季节要采取防冻措施。库区的消防车道和仓库的安全出口、疏散楼梯等消防通道，严禁堆放物品。

（四）仓库的消防监督检查

公安消防机构对列入消防安全重点单位的仓库，应当定期进行检查，每年不少于两次。消防监督检查要采用问、看、查、测的方法，重点检查以下内容。

（1）仓库在规划设计时的消防设计审核情况。

（2）仓库建筑竣工时的消防验收情况。

（3）已通过消防验收的仓库建筑，在使用当中对建筑防火和消防设施等使用、改变情况。

（4）仓库消防安全管理情况，检查单位是否依据消防法第十四条、第十六条规定，履行了消防安全管理职责。

仓库的消防监督检查主要依据是：《中华人民共和国消防法》《消防监督检查规定》《仓库防火安全管理规则》及《建筑设计防火规范》等。

第三章　消防安全管理

第一节　消防安全管理必备知识

一、消防常识

（一）燃烧的本质及必要条件

1.燃烧的本质

燃烧，是指可燃物与氧化剂作用发生的放热反应，一般伴有火焰、发光和（或）发烟现象。在燃烧过程中，燃烧区的温度较高，使其中自炽的固体粒子与某些不稳定（或者受激发）的中间物质分子内电子发生能级跃迁，从而发出各种波长的光。发光的气相燃烧区即为火焰，它是燃烧过程中最鲜明的标志。由于燃烧不完全等原因，会导致产物中有一些小颗粒，这样就形成了烟。

燃烧可分为有焰燃烧与无焰燃烧。通常看到的明火均为有焰燃烧；有些固体发生表面燃烧时，有发光发热的现象，但是无火焰产生，这种燃烧方式则是无焰燃烧。燃烧的发生及发展，必须具备3个必要条件，即可燃物、助燃物（氧化剂）以及引火源（温度）。当燃烧发生时，以上3个条件必须同时具备，如果有一个条件不具备，那么燃烧就不会发生。

2.燃烧的必要条件

（1）可燃物。凡是能与空气中的氧或其他氧化剂起化学反应的物质，都叫作可燃物，如木材、氢气、煤炭、汽油、纸张、硫等。可燃物按其化学组成，分为无机可燃物与有机可燃物两大类；按其所处的状态，又可分为可燃固体、可燃液体以及可燃气体三大类。

（2）助燃物（氧化剂）。凡是与可燃物结合能导致和支持燃烧的物质，叫作助燃物，如广泛存在于空气中的氧气。从普遍意义上讲，可燃物的燃烧均指的是在空气中进行的燃烧。在一定条件下，各种不同的可燃物发生燃烧，都有本身固定的最低氧含量要求，氧含量过低，即使其他必要条件均已具备，燃烧仍不会发生。

（3）引火源（温度）。凡是能够引起物质燃烧的点燃能源，统称为引火源。在一定情况下，各种不同可燃物发生燃烧，都有本身固定的最小点火能量要求，只有达到一定能量才能引起燃烧。常见的引火源有明火、电弧、电火花、雷击、高温、自燃引火源等。

（二）燃烧原理

在消防工作上的应用根据燃烧条件，一切火灾的预防和扑救都是以燃烧的原因为依据的，即一切防火、灭火措施是为了防止和破坏燃烧的3个条件结合在一起。

1.防火的基本措施

（1）控制可燃物。以难燃或不燃材料代替易燃、可燃材料。例如：用水泥代替木材建筑房屋；用防火涂料浸涂可燃材料，提高其耐火极限；对散发可燃气体或蒸气的场所加强通风换气，防止积聚形成爆炸性混合物；对装有易燃液体或可燃气体的容器关闭角阀，防止泄漏等。

（2）隔绝助燃物。对生产、使用易燃易爆化学物品的生产设备实行密闭操作，防止与空气接触形成可燃混合物；或使用惰性气体保护等。

（3）消除着火源。在爆炸危险场所安装整体防爆电气设备；在仓库、油库、加油站等重要场所禁止任何火源等。

（4）阻止火势蔓延。在建筑物之间设防火墙或留防火间距；在面积较大的场所划分防火分区；在可燃气体管道上安装阻火器、安全水封；在超高层建筑中设避难层等。

2.灭火的基本原理

根据燃烧的基本条件要求，任何可燃物产生燃烧或持续燃烧都必须具备燃烧的必要条件和充足条件。发生火灾时，所谓灭火就是破坏燃烧条件，使燃烧反应终止。

根据燃烧的原理进行灭火主要有4种方法：冷却法、窒息法、抑制法和隔离法。

（三）燃烧类型

燃烧现象的基本类型有闪燃、着火、自燃、爆炸4种。

1.闪燃与闪点

（1）闪燃。闪燃是指在一定温度下，液体（固体）表面上能产生足够多的可燃蒸气，遇火能产生一闪即灭的燃烧现象。

（2）闪点。在规定的试验条件下，流体（固体）表面能产生闪燃（一闪即灭的现象）的最低温度称为闪点。

2.着火与着火点

着火指的是在一定温度下，固体、液体、蒸气与空气混合达到一定浓度时遇火立即发生燃烧，并在火源移去后，仍能持续燃烧，直至燃尽为止的现象。能发生这种现象的最低温度叫着火点或燃点。一切可燃物的燃点均高于其闪点。

3.自燃与自燃点

自燃指的是物质受热、升温，不需外界明火作用而自行着火的现象。导致物质发生自燃时的最低温度称为自燃点。

按照热的来源不同，物质的自燃可分为两种：一是本身自燃；二是受热自燃。本身自燃就是因为物质内部自行发热而发生的燃烧现象。受热自燃就是物质被加热到一定温度时发生的燃烧现象。如农村经常发生的稻草堆燃烧现象就是由于堆垛过严导致散热不畅而积热引起的自燃现象。

（四）爆炸及爆炸极限

爆炸极限指的是可燃的气体、蒸气或粉尘与空气混合后，遇引燃源产生爆炸的最高或最低的浓度，分为上限与下限。可燃气体、蒸气的爆炸极限通常用可燃气体、蒸气与空气的体积分数来表示。能发生爆炸的最高浓度称为爆炸上限；能发生爆炸的最低浓度称为爆炸下限。爆炸上限与爆炸下限的浓度区间叫作燃烧范围，当爆炸性混合物的浓度高于爆炸上限或低于下限时，均不会发生着火或爆炸。

二、易燃液体和液化石油气及化学物品的安全使用

（一）易燃液体的防火防爆

各种化学物品中多数属于可燃烧的物品，具有极强的危险性。易燃液体危险品又可分为一级易燃液体、二级易燃液体，其余都是可燃液体。

在加工使用、储存易燃液体时，要根据各种液体的闪点大小采取相应的措施。

（1）易燃液体的分类。闪点<28℃是一级易燃液体；闪点≥28℃且<60℃是二级易燃液体；闪点≥45℃为可燃液体。

（2）易燃液体的特点。包括：①高度易燃性；②较强挥发性；③强烈爆炸

性；④流动性与扩散性；⑤受热膨胀性；⑥电阻率大，容易积聚静电。

（3）对易燃液体应采取的消防安全措施。包括：①正确选择油库场地，其位置应远离火源、热源，不能和氧化剂及氧化性酸类混存，通风要优良；②应采用密闭容器储存、管道输送的方法，保证不漏、不冒、不滴、不跑；③杜绝一切火源、热源，禁止烟火，电气动力、照明应采用整体防爆型装置。

（二）液化石油气的防火防爆

液化石油气成分较为繁杂，但主要成分为丙烷和丁烷。在常温下是一种无色无臭的气味。为了便于区分，生产单位添加了硫化物，因此我们闻到的液化石油气有刺鼻臭味。

1.液化石油气漏气着火的主要原因

液化石油气具有挥发性、易燃性、膨胀性、爆炸性、溶解性及麻醉性特点，所以在储存运输、使用过程中应注意使用正确的方法。通常液化石油气漏气着火主要有以下几点原因。

（1）总角阀松动，引起大量漏气。

（2）减压阀未上紧或者拆装减压阀时胶圈脱落。

（3）输气管老化漏气。

（4）气瓶残旧，耐压强度下降，搬运时撞击导致气瓶破裂漏气。

（5）人为纵火。

（6）用户自己将液化石油气倒气过罐，导致大量漏气引发火灾。

（7）用户私自倾倒液化石油气残液。

（8）使用时无人看管，煮沸的汤水浇灭火苗导致泄漏。

2.使用液化石油气的注意事项

（1）使用普通式炉具必须做到"火等气"，即使用时应将火柴划燃后送至炉具排气孔处，然后打开炉具开关。

（2）储气瓶与炉具应有1m以上的距离。厨房高度不得低于2m，面积不小于2m^2，胶管长度以1.2～1.5m为宜。

（3）不得私自拆调减压阀，每次换气之后，要检查减压阀上的胶圈有无脱落。

（4）使用时，储气瓶不得卧放和倒放，必须直立。

（5）公用厨房不得在同一厨房内同时使用煤炉、柴炉、电炉以及煤气炉。

（6）不得私自倾倒残液与自行倒气过罐。

（7）使用时，人员不能离开，避免汤水浇灭火而发生漏气。

（三）通用化学危险物质知识

凡是具有各种不同程度的燃烧、毒害、爆炸、腐蚀、放射性等危险特性的物质受到摩擦、撞击、震动、接触火源、遇水受潮、日光曝晒、温度变化或遇到性能抵触的其他物质等外界因素的影响而引起燃烧、中毒、爆炸、灼伤等人身伤亡或使财产损坏的物质，均属于化学危险物质[①]。

1.爆炸性物质

凡受到高热摩擦、冲击等外力作用或者受到其他物质的刺激能在极短时间内发生剧烈的化学反应，放出大量的气体和热量，同时伴有巨大声响而爆炸的物质叫作爆炸性物质。

爆炸性物质同气体混合物爆炸不同，主要有以下3个特点。

（1）化学反应速度极快。

（2）反应过程能放出大量的热。

（3）能产生大量的气体产物。

---

①李进卫.危化物品仓储的消防安全管理探析[J].中国棉花加工，2018（05）：32-39.

所以，在保管与储存时应注意爆炸性物质的敏感度、不稳定性及易爆等特性。

2.氧化剂

凡能氧化其他物质而自身被还原的物质称为氧化剂。氧化剂按照其氧化性强弱可分为一级和二级，按其组成分有机氧化剂与无机氧化剂。

（1）一级无机氧化剂多数是碱金属和碱土金属的过氧化物和盐类，易分解，性能极不稳定，具有强氧化性。①过氧化物类，如过氧化钠；②氯的含氧酸及其盐类，比如高氯酸钠、氯酸钾；③硝酸盐类，如硝酸钾、硝酸锂；③高锰酸盐，如高锰酸钾。

（2）二级无机氧化剂。除一级以外的所有氧化剂，易分解，具有较强的氧化性。①硝酸盐及亚硝酸盐，如亚硝酸钾；②过氧化物类，如过硫酸钠；③高价态金属的酸及其盐类，如重铬酸钾。

3.压缩气体和液化气体

气体经施加压力或者降低温度，使气体中分子与分子之间的距离大大缩小就成为压缩气体。继续施加压力，有时还要降低温度，则压缩气体就成为液体状态，叫作液化气体。另外，有一种气体极不稳定，需溶于溶剂中，如乙炔需要溶解在丙酮中并储于钢瓶内，叫作溶解气体。

一般按气体的性质可分为：①剧毒气体，如氯气、氨气、氟化氢、硫化氢；②易燃气体，如乙炔、一氧化碳、甲烷；③助燃气体，如氧气；④不燃气体，如二氧化碳、氮气。

4.易燃液体

凡在常温下以液体状态存在，极易挥发及燃烧，其闪点在45℃以下的物质称为易燃液体。

5.易燃固体

凡燃点较低，遇明火、热源，受摩擦、撞击或者与氧化剂接触，能引起急剧燃烧的固体物质称易燃固体。如硝基化合物、锡粉、镁粉、生松香、硫黄等。

6.毒害物质

凡是少量进入人畜机体内或者接触皮肤能与机体组织发生作用损坏正常生理功能，引起机体的暂时或永久病变，甚至导致死亡的物质就叫作有害物质。

7.腐蚀性物质

凡是能使人体、金属或其他物质发生腐蚀的物质就叫作腐蚀性物质。

（四）化学危险物质的储存

化学危险物质因其极易发生燃烧、爆炸、毒害、腐蚀，所以，在储存过程中应做好以下几点。

（1）化学危险物质须露天存放时，应满足防火防爆的空气要求，爆炸物质、一级易燃物质、遇水燃烧物质、剧毒物质以及浓酸不得露天堆放。

（2）消防、安全设施，应根据危险性质设置相应的防火防爆、调节温度、泄压通风、防潮和防雨等安全措施。

（3）必须加强入库验收，避免发料差错，特别是爆炸性物质、剧毒物质和放射性物质，应采取严格的管理制度。

（4）应经常检查，若发现问题及时处理并严格遵守危险品库房的出入登记制度。

（5）化学危险物质应按照其危险特性及灭火方法的不同严格按相关规定分类储存。

（五）化学物品安全使用知识

1.常用化学物品及其特性

（1）强酸类。如浓硫酸、浓硝酸、浓盐酸。浓硫酸是白色液体，具有强酸性、氧化性、脱水性以及强腐蚀性，溶于水可放出大量热。操作时只能把浓硫酸缓慢加入水中，绝不能将水加入浓硫酸中。

浓硝酸、浓盐酸具有较强的酸性和挥发性，有刺激性气味。硝酸与盐酸按比例1:3混合俗称为"王水"，具有极强的氧化性。

（2）碱类。如片碱、氨水。片碱为白色片状晶体，溶于水并能放出大量热，同时伴有较强的刺激性气味，有极强的腐蚀性。

氨水具有较强的挥发性和刺激性。

（3）具有强还原性的化学药品，比如甲醛具有强还原性，有刺激性气味，易挥发，有毒。

（4）具有强氧化性的化学物品，如浓硫酸、浓盐酸、过氧化氢（双氧水）以及过硫酸钠等。过氧化氢为白色液体，具有强氧化性，与盐酸在一定比例下易发生爆炸。过硫酸钠为白色粉末，也具有较强的氧化性。

2.化学物品的搬运及储存

（1）搬运化学物品时，需轻拿轻放，发放与搬运化学危险品时只能单层摆放。

（2）强酸和强碱还原剂和氧化剂，必须分开发放及储存，不能混放，比如，浓硫酸和片碱、甲醛和过氧化氢等。

（3）搬运化学物品容器时，需用保鲜纸等捆好，防止散落于车间、过道，造成事故。

（4）搬运化学物品时，需检查工具车轮是否灵活好用，车身牢固与否，检查完好后方可使用。

（5）挥发性化学物品需存放于阴凉处，并且具有良好的抽风设备。

（6）剧毒物品需存放在特定仓内。

(7)化学物品储存要有明确的标志,并要分类摆放好。

(8)化学物品包装桶破裂或者损坏时,需有专人跟进处理。

三、消防知识咨询

公安消防管理部门和机关、团体、企业以及事业单位必须从适应社会和本单位的需要出发,为广大职工群众提供更加全面的消防安全管理知识及技能服务。不但要为广大职工群众提供消防知识、消防技术服务,还要为广大群众提供消防咨询服务。利用向广大职工群众提供消防信息、预警报告、防范建议、答复疑问,可以加强广大职工群众自身消防安全防范建设,使抵御火灾的能力提高,并使消防宣传教育工作更具针对性。

(一)消防知识咨询是一种特殊服务

咨询指的是单位或个人,就某些问题向特定社会组织或个人所进行的询问活动,其目的是获得某些信息或某一问题的解决意见和建议,以便进行决策。这种专门提供某一领域的信息或提出某一问题的解决意见及建议的社会活动,就是咨询服务。

综上所述,消防咨询指的就是公安机关或本单位消防管理人员在日常的消防安全管理活动中,运用自己拥有的知识、信息、技能以及经验为广大职工群众和某个部门提供解决问题的建议性的意见或方案的活动。

消防咨询服务作为消防安全管理及管理人员机关,为了维护社会主义经济秩序、社会治安秩序的稳定以及所在单位正常的工作、生活秩序,确保国家利益、集体利益和职工群众利益不受侵犯,而对社会组织和公民个人提出的有关消防器材、消防安全防范措施、安全规章制度以及其他安全防范问题,按照国家法律和其他有关规定,所进行的解答或者提出建议和方案。

消防咨询的根本目的是利用消防安全管理维护社会主义经济秩序和社会治安秩序,保证国家、集体、个人财产不遭受损害,通过向社会和公民及本单位的职工群众提供优质的消防安全咨询服务,使广大群众准确理解和把握国家政策及法律对消防工作的有关规定,维护国家合法的权益,更好地运用法律、加强各单位

的安全防范工作，落实各项安全防范措施及安全规章制度，提高发现、控制以及制止各种火灾事故的能力，为国家经济建设及人民群众的生活，提供良好的消防安全的环境。

（1）消防咨询可以提供消防准确的信息服务。消防咨询的主要内容是向广大单位及公民提供有关消防安全的建议、意见、信息以及方案。公安消防管理机关和机关团体、企业、事业单位，要在开展消防宣传教育的活动中，针对不同的单位及个人及本系统的职工提出的不同安全防范问题，如有关安全防范措施问题、消防专用器材问题、安全规定制度问题及其他安全方面的问题，提供有关信息，或提出看法、见解以及工作方案，以便单位和公民在消防安全管理和防范、处理火灾事故时，做出正确的决策及采取相应的行为。

（2）消防咨询可以提供消防法律服务。消防咨询指的是消防管理人员向社会组织和公民提供的消防安全防范方面知识的服务活动，其服务的范围及内容主要是我国关于消防安全管理的法律、法规规定，在咨询过程中，消防安全管理人员必须遵守国家的其他政策与法律规定，做出准确的解答。使单位和职工群众通过运用法律、法规来解决问题，维护自身的合法权益，并且指导他们运用法律找出问题的症结所在，防止用非法手段解决问题。

在消防咨询过程中，要根据单位与职工群众的需要，对公安机关管理的消防业务内容，尤其是事关公安机关审批的业务进行解释，告知群众及单位办理哪些事务需要哪些条件、手续，需要经过怎样的程序、多长时间，并且指导他们到具体的公安机关去办理。

（3）消防咨询可以提供消防业务技能服务。任何一门科学知识，均具有完整的体系，人们认识事物，通常总是遵循由浅入深、由易而难的发展过程、逐步深入、提高。公众对消防业务技能由于大多是通过短训、讲座，所以有关知识消化不了，记不牢，甚至很不全面，在消防业务技能的咨询服务中，要利用消防业务技能咨询，使每个公众比较全面不遗漏地掌握消防业务技能，使他们能很好地完成各项消防安全管理工作。

（二）消防咨询的特征

1.针对性

消防咨询是消防管理机关和单位消防安全管理人员向社会组织、公民以及本单位职工群众提供的消防咨询服务,其目的是当好用户决策和行动的参谋。进行消防咨询一定要针对询问者提出的问题,并根据单位和个人的周围环境及人力、物力以及财力等内在因素,经过综合分析,依照国家政策及法律的有关规定,告知社会组织及公民应当制订的安全规章制度和应该采取的安全防范措施及必须安装的技术防范设施。另外,消防管理机关和单位消防安全管理人员只有针对社会组织和公民现已制订的安全防范措施及技术防范设施提出建议和意见,才能使之形成非常有效的安全防范体系,避免或减少火灾事故的发生,发现、杜绝生产、生活中的火灾隐患、险情。

2.广泛性

消防咨询的广泛性指的是来咨询人员中,有机关、团体、企业、事业单位等社会组织的成员也有公民个人,所以其成员具有一定的广泛性。同时,询问的问题也具有广泛性,询问的问题既可能涉及消防安全防范规章制度及国家的政策法律法规,又可能涉及消防专用设备的性能、规格、使用方法等,还可能有涉及防火的一般防范知识、关于扑灭火灾等问题,还要包括火灾事故善后问题的解决程序及方法。

3.复杂性

消防咨询的广泛性决定了消防咨询的复杂性。询问者问及的问题既可能涉及消防器材的性能、种类和安全防范措施的方法,又可能涉及国家法律政策。而要准确回答这些问题,就需要消防安全管理人员根据单位及公民的需要,依照现行的政策、法律以及法规的有关精神,提出建设性的意见和方案。同时又要依据国内外有关的消防安全管理情况,对单位和公民提出的询问进行解答。

4.指导性

消防咨询是消防管理人员对询问者提供的参考意见。虽然这些参考意见是消防安全管理人员依据国家的政策、法律以及法规而做出的解释或答疑提出的,但是大多属于对法律的解释和被咨询者的意见。这种解释和意见具有一定的指导性,尤其是对消防知识、防范措施方法与技巧,多属于咨询者的理解或者经验性总结,符合客观情况的解答和意见,对询问者的决策和行动同样具有很大的影响力及权威性。机关、团体、企业、事业单位及职工群众在运用这些知识时,要结合本单位的实际情况。只有这样,才能使理论和实践相结合,收到事半功倍的效果。

(三)消防咨询的形式

消防咨询作为消防宣传的特殊形式,无论对于提高单位及公民的消防安全防范能力,还是对于检验消防宣传工作质量,均具有重要的意义。

消防咨询是提高单位及公民消防安全防范能力的重要途径。借助消防安全管理人员针对单位和公民个人工作生产生活中存在的问题或者漏洞,提出综合分析意见及建设性方案,可以进一步强化单位的安全防范意识,避免和减少由于消防安全防范问题上的决策失误而导致的危害的损失;通过咨询服务,可以使单位及公民个人发现火灾隐患、火灾险情的能力和及时扑灭,减少火灾危害,减少人身财产损失的能力得到提高,增强单位和公民个人的消防安全指数。同时,通过介绍保安器材,可以使用户了解消防安全器材的特点、性能、使用方法、价格及注意事项等情况,准确选择并正确使用消防器材,使消防能力得到提高。

消防咨询是提高消防宣传质量的重要环节。借助消防咨询服务,公安消防管理机关可以了解到消防安全管理工作中存在的问题及用户对消防工作的各种反映和新的要求,便于消防安全管理机关改进工作,提高管理水平。同时,因为消防咨询活动接触社会、单位和公民,涉及的问题极为复杂,客观上要求消防机关团体、企业以及事业单位管理人员具有很高的政治、业务、法律素质以及说理水平,只有这样才能适应机关团体、企业以及事业单位消防安全管理工作。

(四)消防咨询的范围

依据消防咨询服务的实践，消防咨询的范围除解答消防安全管理的法律、法规和消防行政管理的许可、程序、方法外，主要包括以下几个方面。

1.消防器材咨询

消防器材咨询，主要指的是消防管理人员向询问者提供有关消防器材的种类、性能、价格、使用规则及注意事项等方面的信息和情况，便于询问者能够准确无误地选择和正确有效地使用消防器材，得以将火灾损害减少和及时扑灭火灾。

提供消防器材的种类、价格、性能、使用规则及注意事项。消防器材的种类不同，其性能、用途不同，使用过程中应注意的问题也会不同。消防管理人员只有详细、准确地向询问者介绍消防器材的种类与性能，才能使广大用户了解消防器材的基本特点、工作原则，掌握消防器材的使用方法，准确选择与实际情况相符的消防器材。

详细介绍各类消防器材的适用范围。不同种类的消防器材，有不同的适用范围与工作环境，即消防器材不能随意乱用。否则，很容易导致严重后果，给国家和个人带来巨大损失。

提供消防器材与其他安全防范措施配套使用的办法。通常来说，要使消防安全防范工作得以顺利进行并富有成效，消防器材必须和各种消防安全防范措施配套使用，并且使之形成系统或网络。不能单纯依靠某种消防器材或者某项消防措施来完成消防安全防范任务。要注意多种消防器材的综合使用，并把单位的保卫人员的值勤、守护、巡查等日常安全防范与各种消防器材的使用相结合。

2.消防防范措施咨询

消防防范咨询，指的是公安消防管理机关及消防安全管理人员为了保障单位的生产、科研的安全和居民生活的安全，维护正常的工作秩序及生活秩序，在各级各类消防管理机构、安全规章制度、防范计划、防范技术措施等方面提出建议及意见，以将单位内部及居民生活中的不安全因素消除，减少潜在危险。

消防组织机构包括：单位的保卫组织、义务消防队、安全检查组织、消防小组及联络组织。

消防安全规章制度包括：安全保卫责任制，也就是安全保卫工作的登记制度、交接班制度、门卫制度、守护制度、巡查制度、要害出入管理制度、安检制度、值班制度、报警制度等。安全管理责任制，即对易爆、易燃、剧毒、放射性物质等危险物品的出入、登记和管理制度；用电、用火和用气的管理制度；重要仓库、贵重仪器以及重要物品与要害的管理制度等。

消防计划包括：单位、街道内部的自然情况，也就是单位建筑措施情况、周围环境情况、生产情况及要害分布情况等；治安情况，也就是职工群众的基本情况、灾害事故隐患情况等；消防防范情况，也就是义务消防人员的分布情况、防范措施和紧急工作预案等。

消防技术措施，主要是消防器材的安装及使用消防器材。

3.消防安全常识咨询

消防咨询通常以口头解答为主，以书面解答为辅。在听取询问者叙述的过程中，弄清询问者所问问题的情节和细节，明确询问者的目的和要求及与此相关的各种情况，然后进行咨询。

对询问者提出的问题，要依据国家的政策及法律的有关规定进行综合分析，确定问题的答案及解决方案。同时，要根据社会组织和公民个人的实际情况，做出准确的、切实可行的回答或者提出建设性意见和修改方案。

根据《消防法》与《单位消防安全管理规定》的要求，在没有建立专职消防队的大、中型企事业单位和乡、镇，必须配备专职或者兼职消防人员，在本单位、本地区行政负责人和保卫组织或公安派出所的领导下，具体负责本单位、本地区的消防管理工作，并在业务上接受当地消防监督部门的指导。

第二节　建筑工程消防安全管理

一、建筑物的分类

（一）按使用性质分

根据使用性质，建筑物可以分为民用建筑（居住建筑、公共建筑）、工业建筑以及农业建筑三大类。

民用建筑又分为居住建筑和公共建筑两类。居住建筑指的是供人们居住使用的建筑物，可分为住宅建筑和集体宿舍两类；公共建筑是指办公楼、旅馆、商店、影剧院、体育馆、展览馆、医院等公众人员使用的建筑物。

工业建筑指的是直接用于生产的厂房和库房。

农业建筑指的是直接服务于农业生产的暖棚、牲畜棚等。

（二）按建筑物的建筑高度或层数分

按建筑高度或层数，建筑物可以分为地下建筑、半地下建筑、单层与多层建筑、高层建筑以及超高层建筑五类。

（1）地下建筑。地下建筑指的是房间地平面低于室外地平面的高度超过该房间净高一半的建筑物。

（2）半地下建筑。半地下建筑指的是房间地平面低于室外地平面的高度超过该房间净高1/3且不超过1/2的建筑物。

（3）单层、多层建筑。单层、多层建筑指的是9层及9层以下的居住建筑和建筑高度不超过24m（或已超过24m但为单层）的公共建筑与工业建筑。

房屋层数是指房屋的自然层数，通常按室内地坪±0.00以上计算；采光窗在室外地坪以上的半地下室，其室内层高大于2.20m以上，计算自然层数。加层、插层、附层（夹层）、阁楼（暗楼）、装饰性塔楼以及凸出屋面的楼梯间、水箱间不计层数。房屋总层数是房屋地上层数与地下层数之和。

（4）高层建筑。高层建筑指的是10层及10层以上的居住建筑（包括首层设置商业服务网点的住宅）和建筑高度大于24m且为两层以上的民用公共建筑，以及建筑高度超过24m的两层及两层以上的厂房、库房等工业建筑。其中与高层民用建筑相连的建筑高度不大于24m的附属建筑叫作高层民用建筑裙房。

（5）超高层建筑。超高层建筑是指建筑高度大于100m的高层建筑。它不论是住宅还是公共建筑、综合性建筑，均叫作超高层建筑。

高层民用建筑还根据使用性质、火灾危险性、疏散以及扑救难度等分为以下两类。

Ⅰ类高层民用建筑。①居住建筑。主要包括高级住宅和19层及19层以上的普通住宅。②公共建筑。主要包括：高级旅馆；医院；建筑高度超过50m或每层建筑面积超过1000m²的商业楼、展览楼、电信楼、综合楼、财贸金融楼；建筑高度超过50m或每层建筑面积超过1500m²的商住楼；中央级和省级（含计划单列市）广播电视楼；网局级与省级（含计划单列市）电力调度楼；藏书超过100万册的图书馆、书库；省级（含计划单列市）邮政楼、防灾指挥调度楼；重要的办公楼、科研楼、档案楼、建筑高度超过50m的教学楼和普通的旅馆、科研楼、办公楼、档案楼等。

Ⅱ类高层民用建筑。①居住建筑。主要包括10~18层的普通住宅。②公共建筑。主要包括：除一类建筑以外的商业楼、展览楼、电信楼、综合楼、财贸金融楼、商住楼、图书馆、书库；建筑高度不超过50m的教学楼和普通的旅馆、办公楼、科研楼、档案楼等；省级以下的邮政楼、防灾指挥调度楼、广播电视楼、电力调度楼。

（三）按建筑物危险性的大小分

根据建筑物的使用性质，生产、使用以及储存物品的火灾危险性、可燃物数量、火灾蔓延速度、扑救的难易程度以及可能造成的损失大小等因素，可以分为严重危险级、中危险级以及轻危险级三个危险等级。

（1）严重危险级是指功能复杂，用火用电多，设备贵重，火灾危险性大，可燃物数量多，起火之后蔓延迅速或者容易造成重大火灾损失的建筑物。

（2）中危险级是指用火用电多，设备贵重，火灾危险性较大，可燃物数量较多，起火之后蔓延较迅速的建筑物。

（3）轻危险级是指用火用电较少，火灾危险性较小，可燃物数量比较少，起火后蔓延较缓慢的建筑物。

（四）按建筑物保护等级分

国家根据民用建筑物的性质、重要程度、人员密集程度，将被保护建筑物、构筑物分为以下四类。

1.重要公共建筑物

（1）地市级及以上的党政机关办公楼。

（2）高峰使用人数或座位数超过1500人（座）的体育馆、会堂、会议中心、剧场、电影院、室内娱乐场所、车站和客运站等公众聚会场所。

（3）藏书量超过50万册的图书馆；地市级及以上的文物古迹、展览馆、博物馆、档案馆等建筑物。

（4）省级及以上的银行等金融机构办公楼。

（5）省级及以上的邮政楼、电信楼等通信、指挥调度建筑物。

（6）高峰使用人数超过5000人的露天体育场、露天游泳场及其他露天公众聚会娱乐场所。

（7）使用人数超过500人的中、小学校；使用人数超过200人的托儿所、幼儿园、残疾人员康复设施；150床位及以上的养老院、疗养院、医院的门诊楼和住院楼等医疗、卫生以及教育建筑物（有围墙者，从围墙边算起）。

（8）地铁出入口、隧道出入口。

（9）建筑面积超过15000m^2的其他公共建筑物。

2.一类保护建筑物

除重要公共建筑物以外的下列建筑物属于一类保护建筑物。

（1）县级党政机关办公楼。

（2）高峰使用人数或座位数超过800人（座）的体育馆、会堂、会议中心、剧场、电影院、室内娱乐场所、车站以及客运站等公众聚会场所。

（3）文物古迹、博物馆、展览馆、档案馆以及藏书量超过10万册的图书馆等建筑物。

（4）支行级及以上的银行等金融机构办公楼；县级及以上的邮政楼、电信楼等通信、指挥调度建筑。

（5）高峰使用人数超过1000人的露天体育场、露天游泳场以及其他露天公众聚集娱乐场所。

（6）中小学校、幼儿园、托儿所、残疾人员康复设施、疗养院、养老院、医院的门诊楼和住院楼等医疗、卫生以及教育建筑物（有围墙者，从围墙边算起）。

（7）总建筑面积大于3000m^2的商店（商场）、综合楼、证券交易所；建筑总面积大于1000m^2的地下商店（商业街）以及总建筑面积超过5000m^2的菜市场等商业营业场所。

（8）总建筑面积大于5000m^2的办公楼、写字楼等办公建筑物。

（9）总建筑面积大于5000m^2的居住建筑（含宿舍）、商住楼。

（10）高层民用建筑物。

（11）总建筑面积大于6000m^2的其他建筑物。

（12）车位超过50个的汽车库及车位超过150个的停车场。

（13）城市主干道的桥梁、高架路等。

3.二类保护建筑物

除重要公共建筑物和一类保护建筑物以外的以下建筑物属于二类保护建

筑物。

（1）体育馆、会堂、电影院、剧场、室内娱乐场所、客运站、车站、体育场、露天游泳场和其他露天娱乐场所等室内外公众聚会场所。

（2）地下商店（商业街）、总建筑面积大于1000m^2的商店（商场）、证券交易所以及总建筑面积超过1500m^2的菜市场等商业营业场所。

（3）总建筑面积大于1000m^2的办公楼、写字楼等办公类建筑物。

（4）总建筑面积大于1000m^2的居住建筑（含宿舍）或居住建筑群。

（5）总建筑面积大于2000m^2的其他建筑物。

（6）车位超过20个的汽车库与车位超过50个的停车场。

（7）除一类保护物以外的桥梁、高架路等。

4.三类保护建筑物

除重要公共建筑物、一类以及二类保护建筑物以外的建筑物属于三类保护建筑物。

二、建筑物使用消防安全管理

建筑工程在经验收合格、投入使用之后，使用单位应继续加强对建筑工程的消防安全管理，并注意下列几个方面的问题。

（一）不能随意改变使用性质

建筑工程的使用应当同消防安全审核意见相一致，建筑结构、用途、性质不能随意改变。如报批的是丙类生产建筑，不能变更为甲类生产建筑使用；报批的是会议室，不能变更为歌舞厅。这是由于建筑物的耐火等级、平面布局、建筑面积、层数、防火间距等，都是依据其使用性质和火灾危险性而确定的，当其使用性质发生变化后，其火灾危险性也会随之改变，所以，建筑物的耐火等级、层数、平面布局、建筑面积和防火间距的消防安全要求也都应随之改变。否则，该

第三章 消防安全管理

建筑物就不能适应使用性质改变后带来的火灾危险性的变化，就会产生新的火灾隐患，就有可能引起火灾，甚至带来严重的后果。

建筑物的使用性质不能随意改变，如因特殊情况而必须对建筑进行改建、扩建或变更使用性质时，也必须重新报经公安机关消防机构审批，以确保消防安全措施的落实，防止形成新的火灾隐患。

（二）严禁违法使用可燃材料装修

建筑内部的装修、装饰材料，应当使用不燃、难燃材料，禁止违法使用可燃材料装修和使用聚氨酯类以及在燃烧后产生大量有毒烟气的材料装修疏散通道，安全出口处不得采用反光或反影材料[①]。

（三）防火间距不得随便占用

由于防火间距是为了防止火灾蔓延和保证火灾扑救，供消防车通行的预留场地，如果使用单位随便在防火间距之内搭建其他建筑或者构筑物，或堆放其他物资，就会在一旦发生火灾时影响消防车的通行和灭火救援战斗的展开，甚至导致火势蔓延、扩大。

（四）安全疏散通道，出口不得堵塞

安全疏散通道和出口是确保建筑内人员安全疏散的逃生之路，其数量、宽度及长度的限制都是根据建筑物的使用性质、面积、层数以及人员情况来确定的，一旦堵塞，发生事故时人员就难以迅速疏散和逃生，对人员密集场所来说，就可能导致大量的人员伤亡等难以想象的后果。安全疏散通道和安全门是绝对不能堵塞的。特别是在使用时必须全部打开，在疏散通道内也不得摆放任何影响安全疏散的物品。不得擅自改变建筑物的防火分区，建筑物装修材料的燃烧性能等级不得擅自降低，建筑内部装修不应改变疏散门的开启方向，减少疏散出口、安全出口的数量及其净宽度，影响安全疏散畅通。

---

①杨秸.建筑消防安全管理的问题及对策[J].管理观察，2017（23）：29-30.

（五）车间或仓库不得设置员工宿舍

员工集体宿舍是人员杂居的地方，人们抽烟、用火、用电较多，因此导致火灾的因素也较多。近年来，一些单位在车间或仓库内设置了员工集体宿舍，且由于员工集体宿舍居住人员多，一旦遭遇火灾，往往导致大量人员伤亡和财产损失。比如1991年以来，广东、福建等省发生多起由于将车间、仓库以及宿舍设置在同一建筑物内，发生火灾导致群死群伤的恶性事故。

三、古建筑防火管理

（一）古建筑的消防安全管理策略

古建筑往往多采用木结构或砖木结构，加之年代久远，木质干燥，极易燃烧。其建筑通常都缺少防火分隔，成片相连，发生火灾后蔓延迅速，一旦珍贵文物被毁，均是不能失而复得的。我国历史上古建筑火灾很多，导致绝大多数古建（构）筑物早已灰飞烟灭。保留至今的，可以说仅是众多古建（构）筑中的很少一部分，就是这些劫后余生的古建（构）筑，有不少也是几经火劫，累毁累建。必须把古建筑列为消防保卫的重点，切实加强消防安全管理，以保证安全。

古建筑消防管理原则有：一是古建筑内不得开设饭店、餐馆、旅馆、茶馆、招待所或生产车间、物资仓库、办公室及职工宿舍、居民住宅等；二是在古建筑范围内，严禁堆放柴草、木材等可燃物品，严禁储存易燃易爆化学危险品；三是古建筑群严禁搭建临时易燃可燃建筑；四是凡与古建筑毗连的棚屋，必须拆除；五是对于古建筑的木质构件，应喷涂防火涂料，以提高耐火等级；六是古建筑群应考虑在不破坏原有格局的情况下，适当设置防火墙和防火门进行防火分隔；七是古建筑群，要逐步改善交通条件，疏通疏散通道，保证消防车能够到达古建筑附近；八是古建筑群，应利用市政供水管网，安装室外消火栓，无市政供水管网的，应修建消防水池，储水量应确保灭火持续时间不少于3h；九是按照国家标准配置必要的灭火器材和工具；十是古建筑群，应依照规定建立专职消防队，负责古建筑群的消防管理及火灾扑救。

在古建筑的消防安全管理中，通常应着力做好以下几方面的工作。

1.切实加强领导,谁主管谁负责

一是建立消防安全领导小组或委员会,定期检查,督促所属部门的消防安全工作;二是单位和其所属部门都要确定一名主要领导干部为防火负责人,负责消防安全工作;三是确定专职以及兼职工作人员,负责日常的消防安全管理工作;四是建立和健全各项消防安全制度;五是建立防火档案;六是加强组织学习文物古建筑保护的法律法规,学习消防安全知识,不断使群众保护古建筑消防安全的自觉性提高;七是建立义务消防组织,定期进行训练;八是要制订灭火应急预案,并且组织训练。

各古建筑单位应当牢固树立消防工作责任主体意识,依法对本单位的消防安全工作全面负责,切实履行对古建筑消防安全的管理职责。

依据《消防法》,古建筑单位应当履行的消防安全职责如下。

(1)落实消防安全责任制,制定本单位的消防安全制度、消防安全操作规程,制订灭火和应急疏散预案。

(2)按照国家标准、行业标准配置消防设施、器材,设置消防安全标志,并定期组织检验、维修,确保完好有效。

(3)对建筑消防设施每年至少进行一次全面检测,确保完好有效,检测记录应当完整准确,存档备查。

(4)保障疏散通道、安全出口、消防车通道畅通,保证防火防烟分区、防火间距符合消防技术标准。

(5)组织防火检查,及时消除火灾隐患。

(6)组织进行有针对性的消防演练。

(7)法律、法规规定的其他消防安全职责。

单位的主要负责人,是本单位的消防安全责任人。

消防安全重点单位除应当履行上述规定的职责外,还应当履行以下消防安全职责。

（1）确定消防安全管理人，组织实施本单位的消防安全管理工作。

（2）建立消防档案，确定消防安全重点部位，设置防火标志，实行严格管理。

（3）实行每日防火巡查，并建立巡查记录。

（4）对职工进行岗前消防安全培训，定期组织消防安全培训和消防演练。

依据公安部61号令即《机关、团体、企业、事业单位消防安全管理规定》，消防安全责任人应当依法履行的消防安全职责如下。

（1）贯彻执行消防法规，保障单位消防安全符合规定，掌握本单位的消防安全情况。

（2）将消防工作与本单位日常管理、开放、宗教等活动统筹安排，批准实施消防工作计划。

（3）为本单位的消防安全提供必要的经费和组织保障。

（4）确定逐级消防安全责任，批准实施消防安全制度。

（5）组织本单位的防火检查，督促落实火灾隐患整改，及时处理涉及消防安全的重大问题。

（6）根据消防法规的规定建立专职或志愿（义务）消防队。

（7）组织制订符合本单位实际的灭火和应急疏散预案，并实施演练。

古建筑单位根据需要，还可以确定消防安全管理人。消防安全管理人，对本单位的消防安全责任人负责，实施和组织落实以下消防安全管理工作。

（1）拟订消防工作计划，组织实施日常消防安全管理工作。

（2）组织制定消防安全制度并检查督促其落实。

（3）拟订消防工作的资金投入和组织保障方案。

（4）组织实施防火检查、巡查和火灾隐患的整改工作。

（5）组织实施对本单位消防设施、灭火器材和消防安全标志维护保养，确

保其经常完好有效,确保疏散通道、安全出口和消防车通道畅通。

(6)组织管理专职或志愿(义务)消防队,建立防火档案。

(7)组织开展对本单位管理人员、工作人员、寺庙僧侣、道士、尼姑等人员进行消防知识、技能的宣传教育和培训,组织灭火和应急疏散预案的实施和演练。

(8)单位消防安全责任人委托的其他消防安全管理工作。

单位的消防安全管理人,应定期向消防安全责任人报告消防安全情况,及时报告涉及消防安全的重大问题。未确定消防安全管理人的单位,应当由消防安全责任人负责实施管理人的职责。

2.预防为主,防消结合,综合治理,互为补充

古建筑管理及使用单位,应当在科学发展观的指导下,深入贯彻"预防为主,防消结合"的方针。依法规范内部消防安全管理,实行人防、物防以及技防相结合的全方位动态管理,健全完善自我管理、自我检查以及自我整改的消防安全管理机制,立足于自防自救,以切实将其抗御火灾的能力提高。

"预防为主",就是在消防管理工作的指导思想上,要始终将预防火灾放在首位,动员和依靠群众,落实各项防火的行政措施、技术措施和组织措施,从根本上避免火灾的发生。实践证明,只要思想、物资、管理以及技术措施到位,就可以取得同火灾做斗争的主动权。

"防消结合",指的是同火灾做斗争的两个基本手段——预防和扑救,必须有机地结合起来。也就是在做好防火工作的同时,要积极做好各项灭火准备,以便一旦发生火灾,能够迅速、有效地灭火,最大限度地减少火灾所导致的财产损失和人员伤亡。

无数事实证明,隐患险于明火,防范胜于救灾。由于人们认识水平的不同,客观条件的限制,用火用电的增多以及各种偶发因素,要完全避免火灾是不现实的,因此应做好两手准备。一方面要千方百计地防止火灾发生,另一方面要认真做好灭火准备。当万一发生火灾时,应尽早发现、及时报警,迅速、有效地控制并予以扑灭，最大限度地减少火灾所导致的危害和损失。在我国民间，很早就流传着"灶前清，水缸满"的谚语。灶前清，就是灶前清理干净可燃物，避免火灾发生；水缸满，则指的是水缸经常装满水，做好灭火准备。这一谚语也体现了"防消结合"的精神。

"防"与"消"是相辅相成、相互渗透、互为补充的一个不可分割的整体，则正确反映了同火灾做斗争的客观规律，是一个目标的两种手段，切不可偏废。"防"为"消"创造条件；"消"为"防"提供补充。只有全面地把握、正确地理解以及认真贯彻执行这个方针，才能把消防安全工作做好。否则，如果只重视某一方面而忽视另一方面，或把两者对立起来，均是不利于同火灾做斗争的。

3.健全消防安全组织和规章，落实逐级与岗位责任

加强消防组织建设，建立健全规章制度。古建筑管理单位对内逐级建立火灾安全领导小组或者委员会，对外可建立防火联防组织。确定防火负责人与专职防火人员，组织邻近单位、企业以及各基层组织层层落实防火岗位责任制，实行联防协作，群防群治。根据有关规定，尽可能建立起专职消防队，开展业务训练，不断提高灭火能力。同时，依据《古建筑消防管理规则》还应建立一些行之有效的规章制度，使消防安全管理有章可循、有令可遵。

古建筑单位应当根据国家有关消防法律法规，按照政府统一领导、部门依法监管、单位全面负责以及公民积极参与的原则，实行消防安全责任制，建立健全社会化的消防工作网络。对内可建立防火安全领导小组或者防火委员会，对外可建立防火联防组织。结合实际建立上下互动的消防安全责任制，健全消防安全组织及各项行之有效的规章制度，并保证贯彻执行。可组织邻近单位、企业和农村基层组织层层签订安全防火责任书，落实防火岗位责任制，实行联防协作、群防群治。使有关单位及人员知道在消防工作中，自己该做什么，不该做什么；万一发生火灾先做什么，后做什么；怎样有效地灭火，怎样安全逃生自救。各级公安消防机构要积极为政府做好参谋，积极督促各级政府及有关职能部门各司其职，共同做好古建筑的消防安全工作。

通常来说，消防安全制度应当包括的内容有：用火用电安全管理；消防安全

宣传教育培训；电气线路、设备和防雷设施的检查与管理；防火巡查、检查；安全疏散设施和通道、出口管理；消防值班守护；火灾隐患整改；消防设施、器材维护管理；专职或义务消防队的组织管理；灭火应急疏散预案演练；消防档案；消防安全工作考评和奖惩等。志愿（义务）消防队（或者治安消防联防队），是古建筑自防自救的主要力量，应当普遍建立；距离公安消防队比较远、被列为全国重点文物保护单位的古建筑群，应当建立单位专职消防队。

4.加强消防宣传教育，提高消防安全意识及技能

加大宣传教育，落实管理措施。要充分利用广播、录音、标语以及专栏等宣传工具，采取各种形式向单位工作人员、游客等进行消防法规、知识的宣传教育，开展岗位培训，不断增强人员的消防意识。要严格管理制度，除参观旅游之外，一般不得另作他用。古建筑范围内禁止堆放柴草、木材等可燃物，禁止储存易燃易爆物品，切实加强火源、电源管理。

火灾统计分析表明，尽管引起火灾的直接原因比较多，但主要的因素是人而不是物。绝大多数的火灾，往往都是因为人员思想麻痹、用火不慎或违反消防安全规章制度造成的。同时，有些人由于缺乏消防知识，一旦发生火灾就惊慌失措，不能及时有效地处置，结果使小火酿成大火。教训表明，为了预防火灾，最大限度地减少火灾损失和危害，一方面要设法将物质着火的条件消除；另一方面要提高人们的防火警惕性，增强人们的消防安全意识，普及消防知识，充分发挥人们与火灾做斗争的积极性。而要做到这一点，其关键在于加强消防宣传教育。

消防宣传教育，是古建筑消防安全管理的主要职能之一，是提高消防安全素质、增强消防安全意识的重要措施，是预防火灾的一项重要基础工作，也是增强自防自救能力的根本途径和方法。各级政府、文物、文化、民族以及宗教等行政主管部门和消防、新闻机构，要大力开展文物古建筑消防安全知识和法规的宣传教育。古建筑管理、使用单位（部门），应当建立健全消防宣传组织及制度，结合不同时期、不同季节，通过多种形式向管理人员、工作人员、僧侣以及游客等开展经常性的消防安全宣传教育。在古建筑内，应设置"严禁烟火""禁止吸烟"以及消防安全疏散标志等消防安全警示标志。消防设施设置点和消防安全疏散示意图、疏散指示标志等均应采用中英文双语提示。应营造安全防火舆论，普

及消防知识，唤起防火警觉，增强保护古建筑的责任感、法治观以及自觉性，努力形成层层有人管、处处有人抓，人人关心防火，时时重视防火安全，自觉做好消防安全工作的和谐局面。

消防宣传教育和培训的内容应当包括：有关消防法规、消防安全制度；本寺（庙）以及殿堂等部位的火灾危险性和防火措施；报火警、扑救初期火灾以及自救逃生的知识和技能；有关消防设施的性能、灭火器材的使用和维护方法。

消防安全教育的形式，通常有集中培训、召开会议、知识竞赛、墙报板报、广播、橱窗专栏、影像、电子显示屏、闭路电视以及网络等。形式应灵活多变，喜闻乐见；内容要有针对性、知识性、实用性、趣味性和吸引力，使人们想听、想看以及想学，达到事半功倍的目的。

对管理人员、工作人员、僧侣以及导游等应至少每年进行一次消防安全培训、逃生自救演习。特别是要定期组织志愿（义务）、专职或联防消防队员开展消防业务知识学习、训练，使之达到"三懂三会"的要求。也就是懂本寺庙（殿堂、僧舍等）的火灾危险性、懂火灾预防措施以及懂扑灭初期火灾的方法；会报火警，会使用灭火器材扑灭火灾，会逃生自救和组织疏散人员。真正做到平时能够防火，遇火能够扑灭。

5.坚持开展防火巡查和检查，督促落实消防规章及查找隐患

经常进行防火检查，积极整改火灾隐患。有关单位每年要有目的、有步骤地组织大检查，而单位内部也要不定期地开展检查，防火人员要经常性地进行防火检查。对查出的火灾隐患要采取及时整改，力争将隐患消灭在萌芽状态。

消防安全巡查、检查，就是为了查看消防安全管理工作落实情况及查询验看消防安全管理工作中存在的问题而进行的一项安全管理活动。这是实施消防安全管理的一项重要措施，也是避免发生火灾必不可少的一个重要手段，其目的就在于及时发现和纠正违法违章行为，消除火灾隐患以及消防安全管理中的问题，将火灾事故消灭在萌芽状态，防患于未然。

古建筑管理、使用单位（部门），应当组织保卫人员、值班人员、志愿（义务）或者专职消防员、联防队员等开展每日防火巡查，并且至少每季度进行一次

防火检查。在巡查、检查中，一定要仔细认真、尊重科学、注重效果，切不可图形式、走过场，只图巡查、检查的次数，不图问题解决多少。应针对巡查、检查中发现的消防安全隐患，提出切合实际的解决办法并且督促整改消除。

防火巡查的内容应当包括：用火、用电是否违章；消防设施、器材是否在位、完整有效；消防安全标志是否完好清晰；疏散通道、安全出口畅通与否，有无锁闭；安全疏散指示标志、应急照明是否完好；消防安全重点部位（或区域）值班守护情况等。

防火检查的内容应当包括：消防车通道、消防水源情况；用火、用电情况；灭火设施、器材配置及有效情况；消防控制室值班情况、消防控制设备运行情况及相关记录；消防安全标志的设置和完好、有效情况；安全疏散通道、疏散指示标志、应急照明和安全出口情况；消防安全重点部位（区域）的管理情况；管理人员、工作人员及僧侣消防知识掌握情况；火灾隐患的整改以及防范措施的落实情况；消防值班与防火巡查落实情况及其记录等。

每次进行防火巡查、检查时，都应当认真如实填写巡查、检查记录，巡查、检查人员以及被巡查、检查单位负责人应当在巡查、检查记录上签名存档。

6.尊重科学，严守规范，及时消除火患保安全

火灾隐患，指的是可能导致火灾发生或火灾危害增大的各类潜在不安全因素。重大火灾隐患，指的是违反消防法律法规，可能导致火灾发生或火灾危害增大，并由此可能导致特大火灾事故后果和严重社会影响的各类潜在不安全因素。

需严格生活和维修用火管理：一是在古建筑内禁止使用液化气和安装煤气管道；二是做饭采暖的炉灶、烟囱必须满足防火安全要求，尽可能不用明火；三是供游人参观、举行宗教等活动的地方，禁止吸烟，并应当设有明显标志；四是如由于维修需要，临时使用焊接切割设备的，必须经单位领导批准，并指定专人负责，落实安全措施。

严格电源管理：一是列为重点保护的古建筑，除砖、石结构外，国家有关部门明确规定，一般不准安装电灯和其他电气设备，必须安装使用的尽量采用弱电；二是古建筑的电气线路，均一律采用铜芯绝缘导线，并用金属穿管敷设。不得把电线直接敷设在梁、柱、枋等可燃构件上，禁止乱拉乱接电线；三是配线方式，通常应将一座殿宇作为一个单独的分支回路，独立设置控制开关；四是在重点保护的古建筑内，不宜采用大功率的照明灯泡，严禁使用表面温度很高的碘钨之类的电光光源和电炉等加热器；五是没有安装电气设备的古建筑，如临时需要使用电气照明或者其他设备，必须办理临时用电审批手续，由电工安装，当期限结束即行拆除。

以往的教训表明，绝大多数火灾隐患都是由于违反消防法规和消防技术标准造成的。确定是否是火灾隐患，不仅要在消防行政法律法规上有依据，而且应在消防安全技术上有标准，并应根据实际情况，全面细致地检查，实事求是地科学分析，必要时应借助相关仪器检测或专家论证确定。火灾隐患只能是有可能直接导致火灾或火灾危害增大的那部分问题，不能把消防安全管理工作中存在的一般性工作问题也视为火灾隐患，否则就失去了消防安全管理的科学性及依法管理的严肃性。

消除火灾隐患的关键就在于整改。及时发现和及时整改火灾隐患，这是消防安全管理工作的一项重要职责和任务，也是对消防安全管理工作成效的检验。古建筑管理、使用部门对巡查、检查中发现的火灾隐患，应当无条件地及时予以消除及整改。

整改火灾隐患是一项系统工程，既要考虑当前现实，又要考虑长远规划；既要考虑人的因素，又要考虑物的因素；既要考虑技术先进可靠，又要考虑经济承受能力，应是安全和经济的统一、形式与效果的统一，并坚持"三不放过原则"，也就是隐患没查清不放过、整改措施不落实不放过、不彻底整改不放过。整改火灾隐患，按照其难易程度可分为当场整改和限期整改两种方法。

（1）当场整改。对整改比较简单，不需要花费较多时间、人力、物力以及财力的隐患，单位应当责成有关人员当场改正并督促落实，不要拖延。例如：违章使用明火或者在具有火灾危险的场所吸烟、动火的；消防设施、灭火器材被遮挡影响使用或者被挪作他用的；消防设施管理、值班人员以及防火巡查人员脱岗等行为，必须当场整改。

（2）限期整改。对整改有难度、涉及面广，牵涉建筑布局与结构等，需要花费较多时间、人力、物力以及财力才能整改的隐患，应当采取限制在一定时间内按照"三定"的方法进行整改。即定整改措施、定整改的期限和定负责整改的部门及人员，并落实整改资金。

要建立火灾隐患的立案及销案制度，整改一件就销案一件，做到件件在册，件件整改。在火灾隐患未消除之前，单位应当落实相应防范措施，确保消防安全。对公安消防机构责令限期改正的火灾隐患，单位应当在规定时间之内彻底改正并写出整改复函，报送公安消防机构。对于不认真整改、拒绝或拖延整改，导致火灾事故的，应当依法给予处罚；构成犯罪的，应依法追究刑事责任。对于涉及建筑布局、消防通道、消防站以及消防水源等方面不能自身解决的重大火灾隐患，以及本单位确无能力解决的火灾隐患，单位应当提出解决方案并且及时向其上级主管部门或当地人民政府报告，提请协调、督促整改。在隐患未消除前，应当采取必要的临时性安全防范措施，以保证安全。

火灾隐患整改完毕，负责整改的部门或者人员应当将整改情况记录报送本单位消防安全责任人或消防安全管理人签字确认之后存档备案。

7.建立健全消防档案，提供决策信息及原始记录

凡是有查考、使用价值，经过立案归档，集中保管起来的各种图表、文件以及资料等就是档案。我国的档案，从夏商时期就已有了。

消防档案，是记载单位有关消防安全基本情况的文书。一方面，它既能够起到"户口簿"的作用，记载着单位的基本情况，凡涉及"消"和"防"的资料和有关安全防火措施，应有尽有，这就可为单位消防安全管理的决策提供重要信息及依据；另一方面，又能起到历史见证作用，平时可考察该单位对消防安全工作的重视程度，一旦发生火灾事故，就可以成为追查火灾原因、分清事故责任以及处理责任者的佐证材料。同时，也可以为研究有关消防安全管理的技术措施提供直接参考材料。

建立消防档案，也是消防安全管理的职责之一。古建筑管理、使用单位，均应建立健全消防档案，并发挥好其在保护古建筑安全方面无可替代的作用。消防档案应当翔实，全面反映单位消防工作的基本情况。各种工作制度，档案台账资

料应齐全，按照情况变化要及时更新，并附有必要的图片、表格或录像等，而且对消防档案应当统一保管及备查。

各古建筑管理及使用单位应坚持不懈地把消防安全工作抓细抓实抓好，全面落实预防为主、防消结合的方针，切实做到在思想认识上警钟长鸣、技术支撑上坚强有力、制度保证上严密有效、监督检查上严格细致、事故处理上严肃认真。

8.人防与技防相互促进

应最大化把当前消防先进科研技术、先进设施设备应用到古建筑当中。单位应完善应急处置预案，加强演练，提高初期火灾扑救能力。应按照古建筑特点、规模等级和火灾预防的实际需要来论证安装消防水系统和避雷设施。结合实际在文物古建筑较为集中的街区因地制宜增设公安消防队（站）。可根据雷击高发时节，加大人防力量及提高先进技防水平，有针对性地开展阶段性重点防护工作。积极争取政府支持，大力发展多种形式的力量，加强对于文物古建筑的消防安全检查及巡查，全面实施综合治理。

文物古建筑消防安全治理工作应当建立长效机制，防止隐患反弹的现象发生，同时在古建筑中广泛推广应用水系统消防灭火器材、漏电保护装置等先进产品、技术和措施，以保证文物古建筑消防安全。

对于加强文物古建筑消防安全管理工作，应该客观分析当前文物古建筑消防安全工作存在的主要问题及原因，找准文物保护工作与消防安全管理工作的有效结合点，采取安全可靠、经济合理、技术先进、切实可行的消防技术保障措施和管理办法。

（1）通过当前有利时机，迅速向市委、市政府汇报，争取得到领导支持，为文物古建筑安全保护工作的开展争取政策上、经费上、人员以及设备上的有力保障。

（2）应坚持人防和技防相结合，以人防为主的原则。推动单位落实逐级消防安全责任制及岗位消防安全责任制，建立消防教育培训、灭火应急疏散演练制度，抓好消防安全组织和消防安全规章制度的建立健全及消防设施的完好有效，具备迅速组织扑救初期火灾能力、及时引导人员疏散能力和发现火灾隐患的能力，切实将消防安全管理水平提高。

（3）在不改变文物原状、不破坏文物保护单位历史风貌的前提下，寻求突破，积极采用安全可靠、技术先进、经济合理以及切实可行的消防技术保障措施。

（4）加快文物古建筑消防安全技术地方标准编写工作进程。在规范文物古建筑消防设施及灭火器材的安装配备等方面要充分借鉴国内外一些先进做法及理念，吸收建筑结构、火灾报警、消防法律法规、文物古建筑方面的专家组成权威编写组织，重点考虑消防设施及灭火器材的配置安装，结合消防新技术的应用，出台地方标准。

（5）建立文物、消防部门联席会议制度，定期商讨和解决文物古建筑消防安全难题。

以人为本，救人第一。把保障人民群众的生命安全、最大限度地预防及减少火灾事故导致的人员伤亡作为首要任务，切实加强救援人员的安全防护，充分发挥出消防队伍的骨干作用、各类专家的指导作用以及人民群众的基础作用。

古建筑因其不可复制性致使有其特殊的消防原则。

（二）古建筑的消防安全基本措施

古建筑的安全防火，应根据维持原貌、科学合理以及人防技防并重的原则，将古建筑日常管理、修缮、改造与消防规划相结合，制订切合实际的消防改造规划，灵活运用现代消防技术措施，实现既保留其固有历史风貌，又能提高自身消防安全水平的目的。

1.做好消防保护规划，不断改善消防安全环境

消防规划，是消防安全的基础性工作，也是指导安全保护的重要依据，是完善消防安全管理体系、实现消防安全目标以及提高消防安全整体水平的综合性手段，也是一项有效主动的预防工作，对于整个消防工作具有重要的指导作用。各级政府应把古建筑消防安全保护纳入城市建设及改造的总体规划，同步规划、同

步实施。应抓紧解决古建筑消防基础设施相对比较差的问题，特别要在"技防"上下功夫。消防规划的基本内容通常包括消防安全布局、消防基础设施（含消防站、消防供水、消防车通道、消防通信）以及消防器材装备等。改善防火条件，创造安全环境，是减少古建筑火灾危险性的客观基础。古建筑（群）应紧密结合其自身特点及消防安全现状，认真研究安全防火对策，积极做好消防改造规划。

（1）科学规划消除各类危险源。

第一，古建筑（群）的开发及利用，应与历史、文化背景相适应，与古代使用功能相适应。

第二，在保护的基础上，科学规划，适度利用。但不准占用古建筑开设饭店、茶楼、车间以及住宅等；已占用的，必须采取果断措施，限期搬迁。

第三，坚决拆迁危及古建筑安全的各类危险源。在殿堂内严禁使用易燃易爆的气体、液体；严禁使用可燃材料隔断和堆放可燃材料；严禁储存易燃易爆危险物品。已使用、堆放、储存的，必须立即搬出。

第四，在古建筑范围内，严禁毗连古建筑搭建易燃棚房、简易房以及临时易燃建筑；在古建筑外围，应拆除乱接乱建的易燃房屋；对危及古建筑消防安全的生产、储存单位以及建（构）筑物，应强制搬迁或拆除。

（2）设置防火间距或防火分隔。

防火间距，是避免着火建筑的辐射热在一定时间内引燃相邻建筑，且便于消防扑救的间隔距离。实践证明，为了避免建筑物间的火势蔓延，各幢建筑物之间留出一定的安全距离是非常有必要的，这样能够减少辐射热的影响，防止相邻建（构）筑物被烤燃，并可为人员疏散和灭火救援提供必要的场地。防火分隔，是为了使火势控制在一定的范围之内，最大限度地减少火灾损失，在建筑内部设防火墙、防火门、防火卷帘以及防火水幕等。

第一，所有古建筑进行扩建、改建以及维修的时候，都应注意设置防火间距。古建筑与周围相邻建（构）筑物之间，应依照《建筑设计防火规范》（GB50016—2014）留出足够的防火间距；规模较大的古建筑群，确实无法设置防火间距的，应在不破坏原有格局的基础之上，设置防火墙、防火水幕等防火分隔设施。

第二，建在森林区域的古建筑，周围应开辟宽度30～50m的防火隔离带，防止森林发生火灾时危及古建筑安全。在郊野的古建筑，即使没有森林，在秋冬枯草季节，也需要把周围30m范围内的枯草、干枯树枝等可燃物清除干净，防止野火蔓延危及安全。

第三，所有古建筑，都应开辟消防车道并始终保持畅通。消防车道可利用交通道路，但应符合消防车通行与停靠的要求；消防车道的净宽度及净高度均不应小于4.0m；供消防车停留的空地，其坡度不宜大于3%，以便发生火灾时消防队能及时迅速赶赴施救。

第四，消防车道最好形成环形。如不能形成环形车道，在尽头式消防车道应设置回车道或者回车场，回车场尺寸不应小于12m×12m；供大型消防车使用的回车场，其尺寸不应小于18m×18m。消防车道路面、扑救作业场及其下面的管道及暗沟等应能承受大型消防车的压力。

（3）建立多种形式的消防队（站）。

多种形式的消防队（站），指的是除公安消防队以外的其他消防队，包括政府专职消防队、企事业单位专职消防队以及志愿消防队（或治安联防消防队）等。实践证明，从我国实际出发，借鉴国际通行做法，充分发挥政府及社会各界的积极性，以多种形式建设消防队（站），是从体制与机制上解决消防力量不足、改善城乡消防站布局、增强全社会抵御火灾事故能力的重要举措。因为筹建和保障的经费、主管单位、建队形式以及用工形式的不同，我国专职消防队有多种模式和称谓。按照经费来源划分，主要有以下三种类型。

第一，地方政府专职消防队（由地方政府投资组建，消防装备及消防人员的工资及消防队的维护费用由地方政府承担）。

第二，企事业单位专职消防队（消防人员由企事业单位的干部、职工或者招聘的合同工担任，或由保安等安保人员兼职）。

第三，民办专职消防队（由民间集资或者个人投资组建，消防人员由乡镇居民或村民兼职，承担本村、镇灭火救援的消防队）。

志愿消防队（含治安联防消防队），是由机关、团体、企业、事业等单位及村民委员会、居民委员会自行组织的群众性消防组织，开展群众性自防自救工作，是我国消防力量的重要组成部分。其职责主要是：开展消防安全宣传教育、普及消防常识、开展防火巡查检查、报告火灾隐患、参与火灾扑救、保护火灾现场以及协助调查火灾原因等。志愿消防队在扑救初期火灾中发挥着重要作用，很多初期火灾，就是因为志愿消防队的及时扑救而未酿成灾害。专职消防队是主要担负所在地区或者企业、事业单位的消防安全保卫工作，昼夜执勤，具备灭火救援作战能力的专业队伍。其主要职责有：负责本地区、本单位的火灾和他灾害事故的处置，接受公安消防机构的统一调度处置本单位（地区）之外的火灾及其他灾害事故。

依据《消防法》，公安消防机构应当对专职消防队和志愿消防队等消防组织进行业务指导；依据扑救火灾的需要，可调动指挥专职消防队参加火灾扑救工作。应加强对专、兼职消防队员、消防值班人员以及有关管理人员的专门培训，并通过业务培训、考核的形式，检验、促进多种形式消防队伍的业务建设，不断使其预防和扑救火灾的能力得到提高。

第一，各级政府及有关部门要利用民兵、联防以及旅游公司职工等人力资源，进一步建立和完善形式多样的志愿消防队伍。古建筑单位要根据其特点与周边环境，在改造规划中，应考虑建立公安、企业专职、兼职或者民间消防等多种形式的消防队（站）。距离当地公安消防队比较远、被列为全国重点文物保护单位的古建筑群的管理单位，应当建立专职消防队，并且承担本单位的火灾扑救和预防工作。

第二，消防队（站）的选址应在不破坏古建筑群整体格局的前提下，力争到达火灾现场的时间最短，以利于及时控制和扑灭火灾。

第三，消防队（站）的规模及内部设施可因地制宜，小型适用，不应追求大而全。但是应按照国家有关规定，组织实施专业技能训练，配备并且维护保养装备器材，提高火灾扑救及应急救援的能力。

第四，消防队（站）的建筑风格应灵活多样，不拘一格，尽可能同周围环境相协调。

（4）因地制宜地加强消防水源建设。

消防水源，指的是可供灭火救援使用的水源。它是处置各类火灾事故（忌水物质的火灾除外）不可缺少的重要保障，一般分为人工水源和天然水源两大类。人工水源，是指人工修建的给水管网、水池、水井、沟渠以及水库等。天然水源，又叫作地表水源，是由地理条件自然形成的，可供灭火救援时取水的场所，如河流、海洋、湖泊、池塘以及溪沟等。

加强消防水源建设，保证消防用水的需要，是保证发生火灾后有效施救的重要基础性工作。古建筑单位必须从长计议，统筹规划和建设消防水源，特别是应抓好消防给水管网、消火栓及消防水池等人工水源的新建与改建。

第一，按规定配置消火栓。应在完善消防给水系统的基础上，合理设置消火栓。消防给水可以采取生活用水及消防用水合用的给水系统，其用水量不应小于60~80L/s。在城市间的古建筑，应利用市政供水管网，在每座殿堂和庭院外安装室外消火栓，有的还应加装水泵接合器。室外消火栓的间距不应大于120m，其保护半径不应大于150m。每个消火栓的供水量应按照10~15L/s计算。当古建筑在市政消火栓保护半径150m以内，并且室外消防用水量小于等于15L/s时，可以不设置室外消火栓。室外消火栓、阀门以及消防水泵接合器等设置地点应设置相应的永久性固定标志。

第二，室外消火栓应沿道路设置。消火栓距路边不应大于2m，并且距房屋外墙不宜小于5m。当道路宽度大于60m时，宜在道路两边设消火栓，并宜靠近十字路口。室外消火栓宜采用地上式消火栓。地上式消火栓应有1个DN150mm或者DN100mm和2个DN65mm的栓口。采用室外地下式消火栓时，应有DN100mm与DN65mm的栓口各1个。寒冷地区设置的室外消火栓应有防冻措施。

第三，国家级文物保护单位的木结构或者砖木结构古建筑，宜设置室内消火栓。当古建筑体积小于等于10000m³时，消防用水量不应小于20L/s；当体积超过10000m³时，其消防用水量不应小于25L/s。室内消防竖管直径不应小于DN100mm。室内消火栓应设置于位置明显且易于操作的部位；栓口离地面或操作基面高度宜为1.1m，其出水方向宜向下或同设置消火栓的墙面成90°角；栓口与消火栓箱内边缘之间的距离不应影响消防水带的连接。同一建筑物内应采用统一规格的消火栓、水枪以及水带,每条水带的长度不应大于25m。比如,设室内消火栓有困难,则可通过强化室外消火栓的布置方式来弥补室内消防系统的不足。当室外消火栓替代室内消火栓时,水压应满足水枪充实水柱到达最不利点灭火的需要,间距应按室内消火栓的要求布置,并宜增设消防软管卷盘,配置消防水枪和水带,水枪宜采用多功能水枪。消火栓的设置形式、色彩等应尽量同周围景观相协调,并且有醒目的标志。

第四,在郊野、山区中的古建筑以及消防供水管网不能满足消防用水的古建筑,应当修建消防水池,配备消防手抬泵、水枪以及水带。消防水池的储水量应满足扑救一次火灾,持续时间不应小于3h的用水量(消防水池的容量应为室内外消防用水量和火灾延续时间的乘积)。消防水池的补水时间(从无水到完全注满所需的时间)不宜大于48h;缺水地区可延长至96h。在通消防车的地方,水池周围应有消防车道,并且有供消防车回旋停靠的余地;供消防车取水的消防水池,应设置取水口或取水井,并且吸水高度不应大于60m;取水口或取水井与建筑物(水泵房除外)的距离不宜小于15m。地处山区的古建筑,宜借助地形优势,修建山顶高位消防水池,形成常高压消防给水系统。在寒冷地区,消防水池还应采取防冻措施。

第五,应充分利用天然水源。在有河流及湖泊等天然水源可以利用地方的古建筑,应修建消防码头,供消防车停靠汲水;在消防车无法到达的地方,应设固定或者移动的消防泵取水处。与此同时,为了能及时就近取水扑灭初期火灾,准备一些消防水缸、水桶并且经常保持装满水仍是简便必要可用的措施。

(5)配备实用有效的灭火器材和消防设施。

灭火器是由筒体、器头以及喷嘴等部件组成的,借助驱动压力可将所充装的灭火剂喷出,达到灭火的目的。它具有结构简单、轻便灵活、可移动以及便于操作等优点,为扑救初期火灾的重要消防器材。

第一,灭火器的种类较多,按其移动方式可以分为手提式灭火器和推车式灭火器;按照驱动灭火剂的动力来源可分为储气瓶式灭火器、储压式灭火器以及化学反应式灭火器;按所充装的灭火剂则又可分为干粉灭火器、二氧化碳灭火器、泡沫灭火器、酸碱灭火器、清水灭火器以及卤代烷灭火器等。

为防止万一，在一旦出现火情时，能够及时有效地把火灾扑灭在初期阶段，古建筑单位应按照国家标准配置并维护保养灭火器材。应参照《建筑灭火器配置设计规范》（GB50140—2005）配置灭火器。灭火器配置的类型、数量及位置，可依据灭火器的有效射程、对保护物品的污损程度、设置点的环境温度以及使用灭火器人员的素质等因素综合考虑，合理选择，适当增加灭火器的配置数量，以提高控制和扑救初期火灾的能力。对存有大量壁画、彩绘、泥塑以及文字资料等历史珍品的场所，应选择不污染或者不破坏保护对象的气体灭火器。

第二，灭火器材的配置，还要考虑尽可能将水渍损失减少。应配置适合扑救古建筑火灾的灭火效率高、水渍损失小的灭火和抢险救援器材，如干粉灭火器、二氧化碳灭火器以及高压脉冲水枪等。开放游人参观的宫殿、楼阁及寺庙、道观，可按照每200m^{2}左右配2具8kgABC干粉灭火器或7kg手提式二氧化碳灭火器。

第三，灭火器的设置一般要求如下。①设置位置。灭火器应设置在明显及便于取用的地点，并且不得影响安全疏散。②设置方法。手提式灭火器应放置在挂钩上、托架上或者灭火器箱内，并应稳固摆放，其铭牌应朝外、可见。灭火器箱不得上锁。推车式灭火器放于室外时，应采取遮阳挡雨的措施。③设置高度。手提式灭火器的顶部离地面通常为1～1.5m，不应大于1.5m；底部离地面高度不宜小于0.08m。④设置环境。灭火器应防潮湿、防腐蚀，否则会严重影响到灭火器的使用性能和安全性能。

第四，对各种灭火器材和消防设施，应定期由专人维护保养，要利用不断的检测、调试、维护保养、更新改造等，随时确保消防设施、灭火器材功能正常、完好有效。其中，对干粉灭火器及二氧化碳灭火器的维护保养要求分别如下。

干粉灭火器应放置在通风、干燥以及阴凉处，避免曝晒和强辐射热，存放环境温度通常宜在-20～55℃之间，严防干粉结块、分解，每半年应检查漏气与否，如已发生泄漏，则应送维修部门维修。灭火器一经开启必须再充装，再充装时不得变换干粉灭火剂的种类。比如碳酸氢钠（BC）干粉灭火器不能换装磷酸铵盐（ABC）干粉灭火剂；反之亦然。每次使用后或者期满5年，以后每隔两年，都应送维修部门进行水压试验等检查。

二氧化碳灭火器应存放在阴凉、干燥、通风处，不得接近火源，避免强辐射热，禁止日光曝晒，存放环境温度通常宜在-10～55℃之间。搬运时，要轻拿轻放，不可碰撞，注意保护好阀门及喷筒。每半年应用称重法检查一次重量，检查有无泄漏。每次使用后或者期满5年，以后每隔两年，均应送维修部门进行水压试验等检查。

第五，消防车辆的配备，应适合狭窄街道或者崎岖山路通行的需要，宜配备小型消防车或消防摩托车。

2.改善建筑材料、织物的燃烧性能，使其耐火性提高

（1）阻燃处理。

第一，对古建筑的柱、梁、枋、檩、椽、楼板以及闷顶内的梁架等木质构件，在木材的表面涂刷或喷涂木材专用防火涂料，使之形成一层保护性的阻火膜，以此来降低木结构表面的燃烧性而增强其耐火性，阻止火势迅速蔓延。

第二，用于古建筑内的各种棉、麻、毛、丝绸以及混纺针织品制作的装饰织物，尤其是寺院、道观内悬挂的帐幔、幡幢、伞盖等应采用织物专用型阻燃液处理，既可降低其燃烧性能，又可以达到防霉、防腐的目的。

第三，古建筑内使用的电线电缆，应采用防火涂料刷涂、喷涂或者辊涂，以满足防火阻燃的要求。

（2）替换可燃构件。

古建筑扩建、改建以及修缮时，在不影响其原貌的前提下，宜对易燃、可燃构件用不燃或难燃构件替换。对规模比较大的古建筑群，应考虑在不破坏原有格局的情况下，适当设置防火墙、防火门进行防火分隔，使某一处失火时，不致很快蔓延至另一处，形成"火烧连营"。

3.严格控制火源、电源，消除可能引起火灾的火源

火灾，指的是在时间或者空间上失去控制的燃烧所造成的灾害。火源，是发生燃烧的必要条件之一。消除各种引火源，是古建筑安全防火的关键。

纵观国内外古建筑发生火灾的教训，可能会引发古建筑火灾的火源主要有宗教活动用火、生活用火、电气火花、施工维修动火以及雷击等。必须切实加强防范，严格控制和消除各类火源。

（1）严格香火管理。

第一，未经批准进行宗教活动的古建筑（寺庙、道观等）内，禁止燃灯、点烛以及焚纸。经批准进行宗教活动的古建筑内，燃灯、点烛、烧香以及焚纸等宗教活动，必须时刻注意消防安全，小心火烛。

第二，燃灯、点烛、烧香、焚纸等，应在指定的安全地点和位置，并且落实专人负责看管。除"长明灯"在夜间应有人巡查之外，香、烛必须在人员离开前熄灭。

第三，香炉应采用不燃材料制作；放置香、烛、灯的木质供桌上，应铺垫金属薄板、不燃材料或者涂防火涂料，避免香、烛、灯火跌落在上面时，引起燃烧；神佛像前的长明灯，应设固定的不燃灯座，并把灯放置在瓷缸或玻璃缸内，防止碰翻；蜡烛应有固定的不燃烛台，以防倾倒发生意外，并始终由专人负责看管。

第四，严禁所有的香、烛、灯火靠近帐幔、幡幢、伞盖等可燃物。

第五，焚烧纸钱、锡箔的"香炉"，必须设于殿堂外，选择靠墙角避风处，用非燃烧材料制作。

（2）严格生活用火管理。

古建筑内禁止使用液化石油气和管道煤气；炊煮用火的炉灶和烟囱，应符合防火安全要求。冬季，在必须取暖的地方，取暖用火的设置，应经单位有关人员检查后定点，并指定专人负责。

供游人参观和举行宗教等活动的地方，严禁吸烟，并设有明显的警示标志。工作人员、僧、道等神职人员吸烟，应划定地方，烟头、火柴梗必须丢在带水的烟缸或痰盂内，严禁随手乱扔。

（3）严格电源管理。

凡列为重点保护的古建筑，除砖、石结构外，通常不准安装电灯和其他电气设备。古建筑内如确需安装照明灯具及电气设备，需经当地文物行政管理部门和公安消防机构批准，并由正式电工负责安装及维护，严格执行有关电气安装使用的技术规范相关规程。

古建筑内的电气照明设施，应符合消防安全技术规程的要求。禁止使用卤钨灯等高温照明灯具和电炉等电加热器；不准使用日光灯和大于60W的白炽灯；灯具和灯泡不得靠近可燃物；灯饰材料的燃烧性能不应低于81级。有资料表明：200W灯泡紧贴木材1h，就可以将其烤燃起火；100W灯泡13min、200W灯泡5min，就可以将被褥等可燃物烤燃起火。

所有电气线路应一律采用铜芯绝缘导线，并且采用阻燃PVc穿管保护或穿金属管敷设，不准直接敷设在梁、柱、枋等可燃构件上，禁止乱拉乱接电线。

配线方式，通常应以一座殿堂为一个单独的分支回路，独立设置控制开关，以便于在人员离开时切断电源；控制开关、熔断器都应安装在专用的不燃配电箱内，配电箱应设在室外；禁止使用铜丝、铁丝以及铝丝等代替熔丝。所有安装了电气线路和设备的木结构或者砖木结构的古建筑，宜设置漏电火灾报警系统。

没有安装电气设备的古建筑，若临时需要使用电气照明或其他电气设备，也必须办理临时用电申请审批手续。经批准后由正式电工安装，到批准期限结束，必须拆除。

4.增加相应防范设备

防范设备虽然是消防用设备之外的设备，但按照设置方法的不同，很多设备也能够十分有效地预防火灾。例如，防范设备是一般经常使用的，也是古建筑物中众多的设备之一。

（1）防范传感器。

警戒侵入建筑物内或占地内的防范传感器的种类很多，并且各具特点。必须选择与目的相符的传感器，并选择合适的灵敏度，若传感器的灵敏度太高，除人的侵入之外，小动物、小鸟以及枯树枝等的活动有时也会产生错误启动，反而给

管理造成麻烦。相反,如果设定的灵敏度太低,即使有侵入者,有时传感器也不会启动而导致损失。在这些情况下,要使用具有复合功能的传感器,或设置多个传感器组合使用。在各种各样的设置方法中,选择最适合相应建筑物的方法十分重要。在古建筑的房间中,大多设置单独房间的防范传感器(红外线式)。在火灾时借助这些信息作为判据之一,也非常有效。防范设备的监视功能可以与火灾自动报警设备的接收机设置于同一场所进行监视。

(2)监视摄像机(ITV设备等)。

在能够反映出主要场所画面的范围内设置摄像机,进行24h监视。并且,应保存摄影的录像,以便能够在必要时观看。现在的摄像机有多种多样的功能,即使周围很暗,也能够进行暗室监视、红外线监视,并附加有旋转装置,能够观察到周围的情况。通过设置、利用这些功能,还能实现防火和火灾时的情况确认等多种用途。

5.设置火灾自动报警和自动灭火系统,及时发现及扑灭初期火灾

凡属国家级重点文物保护单位的古建筑或者有条件的古建筑,应建立全方位消防监控系统。在不破坏建筑的原有结构、不影响其使用功能以及满足建筑装饰效果的前提下,均须采用先进的消防技术措施,设置火灾自动报警与自动灭火系统,推广安装细水雾灭火系统。

(1)安装火灾自动报警系统。

火灾自动报警系统,是指能自动探测火灾、自动通报火灾、启动、控制有关消防设施的各种设备所构成的系统。此系统由触发器件、火灾报警装置、火灾警报装置以及具有其他辅助功能的装置组成。它主要有区域报警系统、集中报警系统以及控制中心报警系统三种基本形式。古建筑(群)应按照消防安全保护的实际需要,设置火灾自动报警系统。火灾自动报警系统的设计、安装施工以及竣工验收均应符合有关消防技术规范的要求,并应尽量不影响古建筑外观和风格。

大空间古建筑,可以选择红外线感烟探测器、缆式线型定温探测器和火焰探测器;佛像体上和壁挂、经书以及文物较密集的部位,可采用缆式线型定温探测器;对于人员住房、库房等其他建筑,可采用感烟探测器和火焰探测器的组合;

收藏陈列珍贵文物的古建筑，宜选择抽气式早期火灾探测器或线型光纤感温探测器；重要古建筑的重点防火区域及重点部位，宜设置火焰图像探测器，火焰图像探测器宜和安防图像监控系统相结合，对建筑实施24h全方位监控。

（2）安装自动喷水灭火系统。

自动灭火系统，也就是能自动探测火灾并能自动输送、喷射灭火剂扑救火灾的灭火装置。该系统一般由火灾探测、动力能源、操作控制、灭火剂储存及输送喷射、安全及指示仪表五部分设备组成。按照使用的灭火剂种类可分为：自动喷水灭火系统；二氧化碳灭火系统；蒸汽灭火系统；泡沫灭火系统；干粉灭火系统；卤代烷灭火系统等。自动喷水灭火系统，是按适当的间距与高度装置一定数量喷头的供水灭火系统，主要由喷头、阀门、报警控制装置和管道、附件等组成。它按其组成部件及工作原理的不同，可以划分成若干种基本类型。目前已在应用的系统主要有湿式系统、干式系统、雨淋系统、预作用系统、水喷雾系统和水幕系统等。

重要的木结构与砖木结构的古建筑内，宜设置湿式自动喷水灭火系统。寒冷地区需防冻或者防误喷的古建筑，宜采用预作用自动喷水灭火系统。在建筑物周围容易蔓延火灾的场合，宜设置固定或者移动式水幕。

自动喷水灭火系统管道、喷头等构件的选型以及安装位置等应经过科学论证，不应影响和破坏古建筑的结构形式和外观风貌。自动喷水灭火系统采用天然水源时，应经过滤处理，避免杂质堵塞喷头。

对性质重要、不宜用水扑救的古建筑，比如，收藏陈列珍贵文物的古建筑，可结合实际情况，设置固定或半固定干粉、气体灭火系统或者悬挂式自动干粉灭火装置、二氧化碳自动灭火装置以及七氟丙烷自动灭火装置等。

安装了火灾自动报警与自动灭火系统的古建筑，应设置消防控制中心，对整个火灾自动报警、自动灭火系统实行集中控制与管理，并应加强其日常维护及检测，时刻保证设备良好运转及其功能的充分发挥。

（3）安装细水雾灭火系统。

因为古建筑火灾保护的特殊性，采用消火栓及水喷淋设备等系统，使用中存在许多不足。比如，灭火后，产生大量的水渍，容易使古建筑中的文物遭到破坏；这些设备使用的水量大，要求有足够的储备水，而通常古建筑地处偏远，没有大量储备水源的条件；这些消防设施的管道较粗，安装的体积比较大，影响文物的整体景观等。

在有效灭火的前提下，又要符合古建筑保护的要求，缺水地区和珍宝库、藏经楼等重要场所，应设置细水雾、超细水雾灭火系统。由于细水雾灭火系统具有如下优点。

第一，灭火效能高，反应时间短。不仅其冷却性好，抑制性强，有一定的穿透性，可以避免火灾复燃，而且它的用水量仅是水喷淋系统的10%，很适用于古建筑保护。

第二，使用安全，应用范围广。不会对环境及保护对象造成危害，既可独立保护建筑物的某一部分，又可以作为全淹没系统，保护整个空间。可用于水源匮乏的地区及部分严禁用水的场所。

第三，细水雾灭火系统的管道管径比较小，工程造价低，安装、维护方便，其隐蔽性强，能很好地维护文物的整体景观。

6.做好古建筑修缮时的防火，保证修复期间和改造后的安全

随着经济技术的发展和人们对文物古建筑的逐步重视，对古建筑的保护及修复已提到了一个比较重要的高度。古建筑的修复及改建工程完全不同于一般的改建工程，修复及改造应使古建筑在现代社会中既能保留建筑固有的历史风貌，重新发挥出其原有的璀璨光芒，符合国家关于文物保护建筑的有关法律法规，又要确保消防安全的要求，确保修复期间和改造后的安全使用。

修缮古建筑，是保护古建筑的一项根本措施。但是在修缮过程中，往往客观上又增加了不少火灾危险性。比如，大量存放易燃、可燃物料，大量使用电动工具和明火作业；同时，维修人员多而杂，进出频繁，稍有不慎，就有可能引发火灾。古建筑修缮过程中的安全防火工作尤须加强，应特别注意下列几个方面。

（1）按规定报经公安消防机构审核。

古建筑的使用、管理单位以及施工单位，应将工程项目、施工图纸、施工期间现场组织制度、防火负责人以及逐级防火责任制等消防安全措施，事先报送当地公安消防机构审核，未经依法审核或审核不合格，不得擅自施工。

（2）不能降低防火安全标准。

在古建筑修缮过程中，应严格按消防技术标准和规范的有关要求进行，对其耐火等级、消防设施以及防火间距等均要达到消防安全要求，更不能降低防火安全标准。

（3）焊接、切割应防高温熔渣和火花。

如由于维修需要，临时使用焊接、切割设备的，必须经单位领导批准，指定专人负责，落实安全措施。在古建筑内和脚手架上，一般不得进行焊接、切割作业。如必须进行焊接、切割时，应保证在使用过程中不由于过载而损坏焊机绝缘；要事先彻底清除焊接、切割地点的可燃物，或者采取防高温熔渣和火花引燃可燃物的措施。

（4）建筑内严禁飞火和明火作业

电刨、电锯以及电砂轮不准设在古建筑内；木工加工点、熬炼桐油以及沥青等明火作业，要设在远离古建筑（群）的地方。

（5）严格控制存放可燃物料

修缮用的木材等可燃物料，不得堆放于古建筑内，也不能靠近重点古建筑堆放；油漆工的料具房，应选择远离古建筑的位置单独设置；施工现场使用的油漆稀料，不得大于当天的使用量。

（6）贴金作业防纸片乱飞

若进行贴金作业，则需将作业点的下部封严，地面能浇湿的要洒水浇湿，避免纸片乱飞遇到明火燃烧。

（7）雷雨季节应采取避雷措施

在雷雨季节搭建的脚手架应考虑防雷，在建筑的四个角和四个边的脚手架上，宜安装避雷针，并且直接与接地装置相连接，以保护施工工地全部面积，其保护角可按60°计算，避雷针至少要比脚手架顶端高出30cm。

（8）修缮工地消防安全措施应落实。

修缮施工工地的消防安全组织、各项消防安全制度、值班巡逻以及配置足够的灭火器材等消防安全措施都必须落到实处。

7.制订灭火及应急疏散预案，心中有数临危不乱

制订预案，是为了在面临突发火灾事故时，能够实现统一指挥，并及时、有效地整合人力、物力以及信息等资源，迅速针对火势实施有组织的控制和扑救，避免火灾现场的慌乱无序，避免贻误战机和漏管失控，最大限度地减少人员伤亡和财产损失。同时，利用预案的制订和演练，发现和整改一般消防安全检查不易发现的隐患，进一步提高单位消防安全系数。

制订灭火与应急疏散预案并进行演练，既是单位开展消防安全教育的一种重要方法，又是对单位消防安全管理成效进行检验的有效手段，还是成功扑救初期火灾的关键。古建筑单位应结合实际，特别是要根据旅游旺季人员众多的实际，在深入调查研究的基础上，对可能出现的火情进行研究，按照最复杂、最不利的情况制订切实可行的、周密详尽的灭火以及应急疏散预案。

（1）做好古建筑火灾扑救前的准备。

提高认识，做好思想及心理准备。文物古建筑是我国历史文化的瑰宝，让它免受或者少受火灾威胁是消防人员义不容辞的职责，担负有火灾扑救任务的消防人员要充分认识自己身上肩负的神圣使命。同时，消防人员还应在充分认识古建筑火灾特点以及对策的基础上，树立必胜的信心，保持良好的心态，赢得火灾扑救的最终胜利。

制订预案，积极开展灭火演练。制订切实可行的灭火作战预案并且适时组织演练是针对古建筑火灾开展的一项必不可少的工作。消防队员应在深入细致的调查研究的基础上，利用对可能出现的火情进行研究探讨后，制订周密详尽的灭火作战预案。预案的制订应以一个院落或者一幢古建筑为单位进行，包括古建筑概况、建筑布局和室内陈设、消防设施以及灭火设想等内容。在预案的制订过程中，公安消防队应主动同古建筑所属单位的专职消防队、义务消防队以及相关负责人共同研究，制订出各自的灭火作战预案及联合灭火作战预案，组织所有参战人员学习后，适时组织演练。

有备而战，做好装备器材准备工作。消防装备器材为扑救古建筑火灾的物质基础。消防人员应根据当地古建筑的特殊情况，配备必要的装备和器材。通常情况下，应配备水罐消防车、手抬泵、干粉灭火器等灭火装备和器材，以适应准确、迅速以及集中兵力打歼灭战的需要；应配备隔热服、空气呼吸器等个人防护装备，以适应贴近火场抢救人员与灭火的需要；可配备登高装备和器材，配备15m专用拉梯等，在条件允许的情况下，还可以配备30m左右的举高车，以适应高大建筑的灭火需要；有条件的可以配备照明车，以适应夜间火灾扑救的需要；担负大型古建筑群保卫任务的消防队还可以配备破拆车，以适应火场破拆或者开辟通道的需要。

（2）针对火情，采取有效措施进行扑救。

到达火场之后应首先进行火情侦察，查明被困人员、起火部位及火势蔓延方向，燃烧物的性质、范围，通道受阻与否，建筑的构件烧损程度及是否有倒塌危险等情况，然后针对不同建筑和部位以及火灾发展的不同阶段，采取有效措施扑救。当火势在室内蔓延时，应以内攻为主。在火灾初期阶段，古建筑内工作人员应积极开展自救。当消防队员到达火场后，应以最快的速度，利用门窗等与外界相连的通道，向建筑物内部发起进攻，应选择障碍少、烟雾小、视线好以及能充分发挥水枪威力的阵地，阻止火势向周围蔓延。如果燃烧仅局限在建筑物下部，应用喷雾水枪尽快围歼，对周围木结构与易燃构件采取浇水保护的形式阻止火势蔓延；若火势已窜至屋顶，可采用直流水枪打击屋顶火点，也可通过墙柱等构架直搭消防梯，对已蔓延到梁、柱构件上的火势加以消灭，保持屋顶构架机械消防强度，避免坍塌。同时部署力量射水保护建筑的承重构件，并且在外围部署一定力量随时堵截可能向外蔓延的火势。

同时，山区古建筑群火灾中，还应防止火势向森林蔓延，危及林区安全。当火势被完全控制后，消防部门应部署专门力量，对燃烧物进行冷水冷却，并且安排专人监视余烬和负责清理工作，防止其复燃。

需要指出的是，我国在制定消防控制规范方面和国外先进国家相比有一定的

差距，对于古建筑，现行防火设计规范中无针对性强的明确要求。目前，在设计时的规范应用上，只能采用"就高不就低"的模糊概念，参照高层建筑或者可类比建筑的要求来做。任何规范都是以前工程及技术经验的结晶，但相对于技术进步，规范总是不可避免地滞后。这种现状已不适应工程技术的进步及建筑设计创新的需要，当前，在世界范围内，建筑防火设计规范正由传统的处方式规范转向以性能化为基础的规范。安全控制的性能化设计将以火灾安全目标为对象，借助各种烟气流动模型对火灾烟气运动的分析描述，使设计出最佳的烟气控制方案成为可能。

第三节　学校及公众聚集场所消防安全管理

一、学校消防安全管理

（一）学校的火灾危险特点

1.火灾危险因素多，学生活泼好动，易玩火造成火灾

学校内学生多，且集中，由于学生活泼好动，模仿力强，常因玩火、玩电子器具等引起火灾。为了保证教育效果，不少学校除了教学楼（室）外，一般都设有实验室、图书室、校办工厂等，这些部位的火灾危险因素较多，往往不慎就会发生火灾。建筑物的耐火等级低、安全疏散性差。建筑耐火等级一般为二、三级，但建设较早的中、小学，三级耐火等级建筑较多。一旦发生火灾往往造成重大人员伤亡和财产损失。

2.学生的自救逃生能力差，一旦遭遇火灾伤亡大

由于学生活泼好动，模仿力强，缺乏自我控制能力，加之学生数量多且集中，一旦遇有火灾事故，会受烟气和火势的威胁陷入一片混乱。在高温烟气浓度大、照明困难的情况下，很难发现被困儿童。故一旦发生火灾，很容易造成伤亡事故。还由于学校的教职员工大多数是女性,大多缺乏在紧急情况下疏散抢救、扑救初期火灾的常识,如果是夜间,自救能力更差,一旦遭遇火灾往往造成重大伤亡。

(二)防火安全管理措施

1.学校应该明确自己的定位和职责,加强消防安全管理

学校作为校园安全的主体,就应该明确自己的定位和职责,切实落实好校园中消防安全管理工作,加强对学校消防安全的管理。

首先,学校要做的就是思想上的转变,学校内部的各级管理人员以及教师应该将校园中的消防安全作为工作的一部分,培养消防安全意识,这样才能从思想上逐步转变观念,然后做好消防安全管理的基础工作。

其次,学校应该加大对防火设施的投入,配齐应该具备的消防设施,同时应该完善学校内的防火标志以及疏散通道、安全出口指示标志等标志牌,这样才能做好学校的消防安全管理的准备工作。

再次,对于学校这种人口比较密集的场所来说,火灾管理不只是某一个人单独的事情和管理工作,学校应该制定相关的消防安全管理规定和制度,将责任和工作细分到每一个人身上,让消防安全管理工作变成每一个人的事情;同时应该对容易发生火灾的地方,例如,教学楼、宿舍、食堂、图书馆等加强管理巡查力度和消防设施的配备,这样才能做好消防安全管理的工作[1]。

最后,学校会开展很多大型活动或者是外出活动,针对这样的活动,我们也应该做好消防安全管理工作,比如,学校可以在举办活动之前提交一份活动审批,里面必须包含对突发情况的应急和解决办法。学校可以建立一份消防工作档案,从而减少和避免消防安全事故的发生,使学校内的消防安全管理工作能够落到实处,同时能确保活动的顺利开展。

总的来说,各个学校应该根据自己学校的实际情况和目前的管理现状进行相应的改善和调整,进一步明确自己的责任和义务,做好学校内的消防安全管理工

---

[1]张涛.浅谈校园消防安全管理[J].中国公共安全(学术版),2011(03):20-23.

作，这样才能为学生的学习和健康成长提供良好、健康的环境，同时也能减少学校安全事故带来的经济损失。

2.加强与消防部门的联系，检查和完善各类消防设施

除了学校自身要明确责任外，也应该与当地的相关消防部门进行联系和沟通，对学校内的消防设备进行检查、整改和完善，以确保学校内安全隐患的消除，这应该是一件长期合作和共同发展的事情。

第一，学校可以参加区公安局、安全局、综治委等相关部门的公开安全会议，从而加强学校与各个部门的紧密联系，真正做到校园管理者与消防管理部门的相辅相成，从而确保学校的安全工作稳定有序进行。

第二，学校领导应该结合消防相关部门管理人员进行拉网式检查，发现学校各类消防器材的隐患，做到及时整改。比如，可以针对学校现有的消防措施、灭火器等进行全面检查，对于学校内堵塞或占用消防安全通道的情况进行疏通和整改，同时对于教室、寝室等违章使用的电器等易燃物进行收缴和集中管理，然后联合相关消防部门对学校进行一次整体清查，发现哪些地方存在安全隐患，这样才能建立良好的管理环境，做好校园安全管理工作。

第三，完善各类消防设施，降低危险程度。大多数学校多多少少都会出现改建和扩建的情况，为了减少新的安全隐患的出现，学校应该及时与相关的消防部门进行协调，在扩建和改建完成后，要及时完善各类消防设施的配备以及建设，提高学校的防火能力。同时学校也存在较为老旧的教学楼和建筑，对于这样的情况，应该增加消防设施，在不破坏其原有建筑的基础上降低火灾隐患的危险程度，减少校园火灾的发生。

总而言之，关于学校内的消防安全管理工作并不只是学校单独完成的工作，学校应该加强与相关消防部门的联系和沟通，及时消除学校的安全隐患，改善学校的消防设施，从而提高消防安全的管理工作水平。

3.加强消防教育和演练活动的开展，投入必要的消防经费

学生作为校园中消防安全的参与者，也应该了解基本的消防理论知识，学校应该利用各种宣传手段进行消防教育，扩大消防安全理论知识的普及；然后开展演练活动，让学生真正感受和体验消防；最后学校在开展教育时应该投入必要的消防经费，加强学生对于消防器材的演练和使用。

第一，加强消防教育不难理解，学生只有了解理论知识才知道怎么去做，因此首先学校应该结合本校的实际情况，利用各种各样的方式精心组织和开展消防宣传活动和讲座，让学生了解消防的安全常识和相关的法律法规、面对火灾应该怎么处理、灭火器的使用等内容；然后学校应该通过这些活动让学生明白和认识到校园中做好消防安全管理工作的重要性，从而让学生更好地管理自己，减少火灾事故的发生；最后学校还可以将消防安全知识纳入学生的日常学习中，从而更加实际有效地开展安全管理工作。

第二，演练活动的开展也不难理解，只有将学习和掌握到的知识融入实践活动中才能真正促进学生的成长。因此，学校应该根据本校的实际情况开展灭火器的使用教学和模拟火灾现场如何逃生等活动，让学生掌握如何使用灭火器以及在火灾中如何自救逃生等基础知识。同时也可以联合消防部门，展开主题参观和学习活动，让学生在真实的环境中去感受消防员工作的氛围，从而更好地掌握消防安全知识。

第三，学校应该投入必要的消防经费，对于学校来说配备齐全的安全消防设施是保证学校内部人员的人身安全和学校财产安全的前提。学校应该投入必要的消防经费，将其纳入学校的日常开支计划中，但要保证专款专用，然后针对现有的消防器材进行检查和更换，确保消防设备没有损坏和老化的现象。归根结底，学校的消防安全管理工作要从学生出发，让学生了解校园中消防工作的重要性，然后投入必要的经费和开展各种实践活动，让学生能更加熟练地掌握消防安全的基本常识。

学生既然在校学习，学校就得为学生提供良好的生活学习环境，从而达到保证学生安全健康的目的。因此，学校应该明确自己的定位与职责，为做好校园的消防安全工作奠定坚实基础；然后应该加强与相关消防部门的联系，做好消防基础设施的检查；最后学校应该多加宣传演练以及增加消防经费的投入，让学生明白消防安全的重要性。

二、公众聚集场所消防安全管理

（一）百货商场防火管理

商场，这里主要是指综合性的大型商业设施，有的称百货公司或百货商店，有的叫商城、商厦、总汇，还有的称贸易中心或购物中心，不管叫什么名称，它们都是连接工业与农业、城市与农村、生产与消费的桥梁和纽带。下面简要介绍一下百货商场的特点。

1.商品种类多、范围广，地点繁华、装修豪华

商场的经营范围很广、商品种类很多，人们在衣食住行各方面所需要的生活用品和机关、企事业单位所需要的各类商品，无所不有。此外，还有一些经营专类商品的商场，如呢绒绸布、服装鞋帽、工艺美术、钟表眼镜、家用电器、五金交电、木器家具等。这些商场大多设置在闹市中心或繁华地段。近几年来，为适应市场经济的发展和改革开放的需要，许多城市都新建或改建了一批装饰豪华、商品高档的商场，面目为之一新，吸引了成千上万的顾客。

2.地下商场发展迅速

另外，为了节约城市用地、疏散地面人群、改善城市交通状况等，许多城市将一些重要的公共建筑，如车站、车库、商场等建设于地下，其中尤以地下商场发展更快。有些城市还在繁华地段建造地下超级市场，又称地下商业街。中国现有两种情况：一种是各地利用人防工程兴办了一批地下商场；一种是在少数大城市，通过专门设计建造了地下商场。

3.容纳人数无法控制和掌握

由于商场没有规定的容纳人数，人员无法控制，到处熙熙攘攘，川流不息，遇到逢年过节或有商品展销时，更是人山人海，接踵摩肩，商场属于人员密集的公共场所。

（二）商场的防火管理措施

1.提高建筑物的耐火等级

商场营业厅的建筑耐火等级，一般应不低于二级，商场内的吊顶和其他装饰材料，应严加控制，不准使用可燃材料吊顶，宜采用轻钢龙骨装饰材料，并应选用防火测试合格、核准销售的防火装饰材料和绝缘隔热材料，对原有可燃的木结构建筑和耐火极限较低的钢架结构建筑以及可燃的吊顶等，必须进行改建，提高其耐火极限。在钢屋架和钢柱上可喷涂防火涂料或敷贴防火隔热材料。商场内的货架和柜台，应采用金属框架和玻璃板组合制成。柜台外侧与地面之间应加密封，如有空隙应用不燃材料封堵，以免顾客乱丢的烟头进入柜台内，或引燃抛落在地面的可燃物。

2.合理布局和防火分隔

（1）设置防火分区。

为了防止一旦失火造成整个建筑物的蔓延，商场应当采取设置防火分区的方法进行防火分隔。防火分区的，通常高层建筑：面积超过1000m²的大型商场，按高层一类建筑要求，每1000m²为一个分区；面积不超过1000m²的大型商场，按高层二类建筑要求，每1500m²为一个分区；低层的一二级耐火等级建筑，每2500m²为一个分区；地下商场每个防火分区的面积不应超过500m²。防火分区之间应当采取严格的防火墙分隔措施，或加设耐火极限不低于1.2h的防火卷帘分隔；如装有自动喷水灭火系统时，防火分区的面积可增加一倍。

（2）封堵各种可能穿火的孔洞。

各种孔洞是火灾蔓延的主要途径。为了防止火灾时的蔓延，对于电梯间、楼梯间、自动扶梯等贯通上下楼层之间的孔洞，应增加耐火的围蔽结构、安装防火门进行封闭，确有困难时，可以在这些垂直的孔洞口，安装水幕或采取距离加密的（每1.8m长度安装一个）自动喷水头的封堵保护措施。防火卷帘门两侧各0.5m范围内不得堆放物品，并应用黄色标志线划定范围。

商店（市场）建筑物之间不应设置连接顶棚，当必须设置时：消防车通道上部严禁设置连接顶棚；顶棚所连接的建筑总占地面积不应超过2500m²；顶棚下面不应设置摊位，堆放可燃物；顶棚材料的燃烧性能不应低于B1级；顶棚四周应敞开，其高度应高出建筑檐口1.0m以上。

（3）防火墙分隔。

商店的仓库应采用耐火极限不低于3.0h的隔墙与营业、办公部分分隔。通向营业厅的门应为甲级防火门，营业厅的安全疏散不应穿越仓库；当必须穿越时，应设置疏散走道，并采用耐火极限不低于2.0h的隔墙与仓库分隔。

营业厅内食品加工区的明火部位应靠外墙布置，并应采用耐火极限不低于2.0h的隔墙与其他部位分隔。敞开式的食品加工区应采用电能加热设施，不应使用液化石油气作为燃料。

商场的小型中转仓库、服装加工、修理部、家用电器、钟表、眼镜维修部等应同营业厅分开独立设置，无条件分开时，应用防火墙分隔。

油浸电力变压器，不宜设在地下商场内，如果必须设置时，应避开人员密集的部位和出入口，且应用耐火极限不低于3h的隔墙和耐火极限不低于2h的楼板与其他部位隔开，墙上的门应采用甲级防火门，变压器下面应设有能储存变压器全部油量的储油设施。

（4）空调机房及通风管道，要注意防火和防火分隔。

空调机房进入每个楼层或防火分区的水平支管上，均应按规定设置一旦发生火灾时能自动关闭的防火阀门。空调风管上所使用的保温隔热材料应选用不燃的硅酸铝或石棉制品。这种制品虽然价格较贵，但其优异的防火性能与整个工程所耗费的装修费用相权衡，还是值得的，因为风管的保温材料不耐火，成为火灾蔓延途径的事例已屡见不鲜，即使是阻燃性的保温隔热材料（在聚苯乙烯泡沫塑料中增加一些阻燃剂）在建筑物起火后仍免不了成为火势蔓延的媒介。

3.保证安全疏散

鉴于商场是人员最集中的公众聚集场所，故安全疏散是应特别重视的大问题。商场的安全疏散与影剧院不同，影剧院等公共场所的入口和出口是分开设置的，出口是专门用于散场时的疏散，而商场则不同，它集入口和出口于一门，既是入场的大门，又是商场的疏散通道，所以商场的门应着重考虑安全疏散的问题。

（1）正确确定疏散人数。

商场作为公众聚集场所，顾客所占的面积应认真予以考虑。根据《建筑设计防火规范》（GB 50016）的规定，商场的疏散人数应按每层营业厅建筑面积乘以面积折算值和疏散人数换算系数计算。地上商店的面积折算值宜为50%~70%，地下商店的面积折算值不应小于70%。疏散人数的换算系数（人/m²）应按：地下二层0.8；地下一层、地上一、二层0.85；地上三层0.77；地上四层及以上各层0.6m的标准计算。

货架同顾客所占公共面积的比例：综合性大型商场或多层商场，一般应不小于1:1.5；较小的商场最低应不小于1:1。顾客所占公共面积，按高峰时间顾客平均流量计算，人均占有面积应不小于0.5m²。

（2）货架、柜台的布置，应有利于人员的安全疏散。

营业厅内的柜台和货架应合理布置，有利于人员的安全疏散。疏散走道的设置应符合《商店建筑设计规范》（试行）（JGJ48—88）的规定，营业厅内的主要疏散走道应直通安全出口，满足朝两个方向直通安全出口（门、楼梯）的条件。供顾客选购商品的主通道（柜台与柜台或货架与货架之间的距离）净宽不应小于3m，单面有货架或柜台的次通道净宽度不应小于2.0m。当一层的营业厅建筑面积小于500m²时，双面有货架或柜台的主要疏散走道的净宽度可为2.0m，次通道净宽不应小于1.8m。袋形通道的尽头与主通道之间的距离不应大于20m。疏散走道与营业区之间应在地面上应设置明显的界线标志；营业厅内任何一点至最近安全出口的直线距离不宜大于30m，且行走距离不应大于45m。

多层及与其他用途组合建造的地下商场，其营业厅应设在地下一层、二层以上的地下商场应将顾客较密、可燃商品较多的铺面、柜台、货架设在首层，以有利于人员的安全疏散和物资的抢救。

为了减少不必要的人员伤亡、降低人员疏散的压力和难度，地下商场内不应设置哺乳室、幼儿园、托儿所及残疾人等自救能力差的人员场所。这是因为这些人员年幼无知，行动不便，自救能力差，一旦发生火灾要将他们及时抢救出来困难较大。

（3）不应设置影响顾客人流进出和安全疏散的旋转门、弹簧门。

商场的门不仅要有足够的数量，而且应该多方位地均匀设置；既要考虑顾客人流进出方便，又要考虑安全疏散的需要，因此不应设置影响顾客人流进出和安全疏散的旋转门、弹簧门等，如设置旋转门，必须在旁边另设备用的安全疏散门。

（4）设置火灾事故标志和照明。

第一，商场供疏散的门、楼梯等通道，应设置明显的标志。商场内营业厅、走道、楼梯间、前室、消防泵房、消防控制中心、消火栓等部位以及疏散走道转弯和交叉部位两侧的墙面、柱面距地面高度1.0m以下设置灯光疏散指示标志；确有困难时，可设置在疏散走道上方2.2～3.0m处。疏散指示标志的间距不应大于20m；灯光疏散指示标志的规格不应小于0.85m×0.30m，当一层的营业厅建筑面积小于500m²时，疏散指示标志的规格不应小于0.65m×0.25m；疏散走道的地面上应设置视觉连续的蓄光型辅助疏散指示标志。

第二，商场供疏散的门、楼梯等通道，应设置明显有效的事故照明。火灾事故照明的最低照明度不应低于5Lx；在疏散走道及其交叉口、拐弯处、安全出口等处应设置疏散指示标志灯，疏散指示标志灯的间距不应大于10m，标志灯正前方0.5m处的地面照度不应低于1Lx。火灾事故照明和疏散指示标志灯，应采用玻璃或其他不燃材料制作的保护罩，工作电源断电后应能自动投合。

4.电源的防火管理

商场的电气装置和线路在公共建筑中是较复杂的，而且不能像仓库那样设计成每个部位都能集中控制并可同时切断一切电源的形式。在消防安全上对这个颇为棘手的问题，应注意如下几点。

（1）电气线路和设备安装，必须符合低压电气安装规程的要求。

在吊顶内敷设电气线路，应选择铜芯线并穿金属管，接头必须用接线盒密封。电气线路的敷设配线应根据负载情况，按不同的使用对象来划分分支回路，以达到局部集中控制又便于检修的原则，但在全部停止营业后，则仍要求做到除必要的夜间照明外，能够分楼层集中控制，将每个楼面营业大厅内的所有其他电源全部切断。

（2）注意霓虹灯防火。

很多商场营业厅内的商品柜台上方、沿街的玻璃橱窗内、建筑物顶部及外墙上，都安装了广告霓虹灯，尤其是玻璃橱窗内的广告霓虹灯，有时通宵不闭，致使霓虹灯的高压变压器很易发热起火。如某商场橱窗内霓虹灯高压变压器电源长期使用不切断而致发热起火，导致了整幢百货大楼被火灾烧毁，故应特别注意霓虹灯的防火问题。

（3）带电活动器件都应进行封闭。

商场内自动扶梯的一切带电的器件都必须是封闭的，以防止意外接触而造成事故。其构架、活动运转部分和机座底部，应经常清除垃圾积尘，及时加油润滑，防止因机件摩擦发热或被丢进缝隙的烟头引发火灾。

5.各种危险源的防火管理

商场的各种用火、电热器具、易燃易爆部位都是非常容易引起火灾的危险源，必须加强其防火管理。

（1）严禁各种烟火。

商场一些设备的安装和检修，必须在停止营业的情况下进行，在焊接切割作业时，必须经过严格审批，落实防火措施后，方能作业。

在各类商场内部，柜台的营业人员应禁止吸烟，同时在顾客中也应提倡禁止吸烟，并设置禁止吸烟的宣传标牌。有条件的商场可设专门的吸烟室，对经营家具等大件可燃商品的地方，应用绳索围栏，防止顾客入内吸烟。

（2）电器用具的使用要符合防火安全要求。

在商场的营业厅内，应禁止使用电炉、电热杯、电水壶、热得快等电热器具，以防使用中带来火灾危险；在销售电热器具时，电源要随用随拔，以免忘记拔电源而导致火灾。维修用的电烙铁要放在不燃材料制作的托架上，用后及时切断电源。

（3）加强甲、乙类火灾危险性的机房的管理。

由于商场多布置在城市繁华中心地段，在选用供空调的冷冻机组时，应选择使用不造成破坏大气臭氧层的溴化锂冷冻机组。因为氨冷冻剂属于乙类火灾危险，泄漏时会造成人员中毒或灼伤，在与空气混合达到一定比例时，遇到明火或电气火花还会发生爆炸，故不提倡使用氨制冷机组。对已经安装使用的氨冷冻机组（房）应做好防火防爆工作。高压锅炉房及具有甲、乙类火灾危险性的工厂作坊、仓库，不得设在地下商场内。

（4）严格控制易燃易爆商品的使用和销售。

钟表、照相机修理等作业使用酒精、汽油等易燃液体清洗零件时，现场禁止一切明火存在。对日用的少量易燃液体，要放在封闭的容器内，随用随开，未用完的送回专用库房，现场不得储存。地下商场严禁经营销售烟花、爆竹、发令纸、汽油、煤油、酒精、油漆等易燃易爆商品。地上商场在经营销售指甲油、摩丝、打字纸、丁烷气（打火机用）、赛璐珞制品等具有易燃危险的商品时，应把数量控制在两日的销售量以内。

在地下商场内包括附设的餐厅部门，应禁止使用液化石油气、煤气等燃气和闪点小于60℃的液体燃料；地下商场楼梯间、走道上不应铺设可燃性地毯，并严禁用塑料制品做内装修。橱窗、柜台、货架亦应采用不燃材料制成。

6.日常经营活动的消防安全管理

（1）要实行统一的管理。

在改革开放的新形势下，现在有不少商场把摊位、柜台租赁给了另外的单位或个人（主要是个体户），在消防安全管理上各自为政的问题较为突出。为此，商场的主管部门和经营单位或经营者的法定代表人，应共同建立统一的消防安全机构，确定防火责任人主抓。无论如何租赁，其消防安全责任，均由建筑物的业主负责，包括内部公用消防设施的管理维护等。要配备必要的专职或兼职消防安全管理人员，具体抓本商场的消防安全工作，并建立健全义务消防队。商场应按公共场所的要求，设置火灾自动报警系统和自动喷水灭火系统。对使用面积超过$300m^2$的地下商场应设室内消防给水设备。各类商场应根据其面积、火灾危险程度、可燃物的多少，按规范标准配置应急用的携带式灭火器，以备应急灭火用。

（2）注意巡逻检查。

为保证顾客安全疏散，商场的楼梯、通道必须保持畅通，不得堆放商品和物件，也不得临时设摊推销商品。在门外出口处的3m以内禁止停放任何车辆。商场的柜台内必须保持整洁，废弃的包装纸、盒等易燃物，不要随便抛撒地面，应集中放置并及时妥善处理。要注意商场的安全检查。在营业时间要有专人在场内巡查，以便及时发现处理各种火灾隐患或其他问题。各柜、组人员在下班前应认真对自己负责的范围进行检查，确认无患后才可下班，夜间值班人员要进行巡查，以防不测。

（3）员工要经消防安全培训。

有关部门对商场的经理和全体营业人员，必须进行消防安全培训，让他们了解和掌握企业进行消防安全管理的措施、方法和要求，掌握在发生火灾时的应急措施和扑灭初起火灾的方法，对火势扩大的火灾，能从容不迫地引导顾客安全疏散。大型商场平时应录制好在紧急情况下引导顾客安全疏散的录音带，做好引导顾客安全疏散的导音，以便在必要时播放。

（三）宾馆、饭店防火管理

宾馆和饭店是供国内外旅客住宿、就餐、娱乐和举行各种会议、宴会的场所。现代化的宾馆、饭店一般都具有多功能的特点，拥有各种厅、堂、房、室、场。厅：包括各种风味餐厅和咖啡厅、歌舞厅、展览厅等；堂，指大堂、会堂等；房：包括各种客房和厨房、面包房、库房、洗衣房、锅炉房、冷冻机房等；室：包括办公室、变电室、美容室、医疗室等；场：指商场、停车场等，从而组成了宾馆、饭店这样一个有"小社会"之称的有机整体。

1.宾馆、饭店的火灾危险性

现代的宾馆、饭店,抛弃了以往那种以客房为主的单一经营方式,将客房、公寓、餐馆、商场和夜总会、会议中心等集于一体,向多功能方面发展,因而对建筑和其他设施的要求很高,并且追求舒适、豪华,以满足旅客的需要,提高竞争能力。这样,就潜伏着许多火灾危险,主要有以下几点。

(1)可燃物多。

宾馆、饭店虽然大多采用钢筋混凝土结构或钢结构,但大量的装饰材料和陈设用具都采用木材、塑料和棉、麻、丝、毛以及其他纤维制品。这些都是有机可燃物质,增加了建筑内的火灾荷载。一旦发生火灾,这些材料就像架在炉膛里的柴火,燃烧猛烈、蔓延迅速,塑料制品在燃烧时还会产生有毒气体。这些不仅会给疏散和扑救带来困难,而且还会危及人身安全。

(2)建筑结构易产生烟囱效应。

现代的宾馆和饭店,特别是大、中城市的宾馆、饭店,很多都是高层建筑,楼梯井、电梯井、管道井、电缆垃圾井、污水井等竖井林立,如同一座座大烟囱;还有通风管道,纵横交叉,延伸到建筑的各个角落,一旦发生火灾,竖井产生的烟囱效应,便会使火焰沿着竖井和通风管道迅速蔓延、扩大,进而危及全楼。

(3)疏散困难,易造成重大伤亡。

宾馆、饭店是人员比较集中的地方,在这些人员中,多数是暂住的旅客,流动性很大。他们对建筑内的环境情况、疏散设施不熟悉,加之发生火灾时烟雾弥漫,心情紧张,极易迷失方向,拥塞在通道上,造成秩序混乱,给疏散和施救工作带来困难,因此往往造成重大伤亡。

(4)致灾因素多。

宾馆、饭店发生火灾,在国外是常有的事,一般损失都极为严重。国内宾馆、饭店的火灾,也时有发生。从国内外宾馆、饭店发生的火灾来看,起火原因主要是:旅客酒后躺在床上吸烟;乱丢烟蒂和火柴梗;厨房用火不慎和油锅过热起火;维修管道设备和进行可燃装修施工等动火违章;电器线路接触不良,电热

器具使用不当，照明灯具温度过高烤着可燃物等四个方面。宾馆、饭店容易引起火灾的可燃物主要有液体或气体燃料、化学涂料、油漆、家具、棉织品等。宾馆、饭店最有可能发生火灾的部位是：客房、厨房、餐厅以及各种机房。

2.宾馆、饭店的防火管理措施

宾馆、饭店的防火管理，除建筑应严格按照《建筑设计防火规范》和《高层民用建筑设计防火规范》等有关标准进行设计施工外，客房、厨房、公寓、写字间以及其他附属设施，应分别采取以下防火管理措施。

（1）客房、公寓、写字间。

客房、公寓、写字间是现代宾馆、饭店的主要部分，它包括卧室、卫生间、办公室、小型厨房、客房、楼层服务间、小型库房等。

客房、公寓发生火灾的主要原因是烟头、火柴梗引燃可燃物或电热器具烤着可燃物，发生火灾的时间一般在夜间和节假日，尤以旅客酒后卧床吸烟，引燃被褥及其他棉织品等发生的事故最为常见。客房内所有的装饰材料应采用不燃材料或难燃材料，窗帘一类的丝、棉织品应经过防火处理，客房内除了固有电器和允许旅客使用电吹风、电动剃须刀等日常生活的小型电器外，禁止使用其他电器设备，尤其是电热设备。

对旅客及来访人员，应明文规定：禁止将易燃易爆物品带入宾馆，凡携带进入宾馆者，要立即交服务员专门储存，妥善保管，并严禁在宾馆、饭店区域内燃放烟花爆竹。

客房内应配有"禁止卧床吸烟"的标志、应急疏散指示图、宾馆客人须知及宾馆、饭店内的消防安全指南。服务员应经常向旅客宣传：不要躺在床上吸烟，烟头和火柴梗不要乱扔乱放，应放在烟灰缸内；入睡前应将音响、电视机等关闭，人离开客房时，应将客房内照明灯关掉；服务员应保持高度警惕，在整理房间时要仔细检查，对烟灰缸内未熄灭的烟蒂不得倒入垃圾袋；平时应不断巡逻查看，发现火灾隐患应及时采取措施，对酒后的旅客尤应特别注意。

高层旅馆的客房内应配备应急手电筒、防烟面具等逃生器材及使用说明，其他旅馆的客房内宜配备应急手电筒、防烟面具等逃生器材及使用说明。客房层应

按照有关建筑火灾逃生器材及配备标准设置辅助疏散、逃生设备，并应有明显的标志。

写字间出租时，出租方和承租方应签订租赁合同，并明确各自的防火责任。

（2）餐厅、厨房。

餐厅是宾馆、饭店人员最集中的场所，一般有大小宴会厅、中西餐厅、咖啡厅、酒吧等。大型的宾馆、饭店通常还会有好几个风味餐厅，可以同时供几百人甚至几千人就餐和举行宴会。这些餐厅、宴会厅出于功能和装饰上的需要，其内部常有较多的装修，空花隔断，可燃物数量很大。厅内装有许多装饰灯，供电线路非常复杂，布线都在闷顶之内，又紧靠失火概率较大的厨房。

厨房内设有冷冻机、绞肉机、切菜机、烤箱等多种设备，油雾气、水汽较大，电器设备容易受潮和导致绝缘层老化，易导致漏电或短路起火；有的餐厅，为了增加地方风味，临时使用明火较多，如点蜡烛增加气氛、吃火锅使用各种火炉等，这方面的事故已屡有发生；厨房用火最多，若燃气管道漏气或油炸食品时不小心，也非常容易发生火灾，必须引起高度重视。

第一，要控制客流量。餐厅应根据设计用餐的人数摆放餐桌，留出足够的通道。通道及出入口必须保持畅通，不得堵塞。举行宴会和酒会时，人员不应超出原设计的容量。

第二，加强用火管理。如餐厅内需要点蜡烛增加气氛时，必须把蜡烛固定在不燃材料制作的基座内，并不得靠近可燃物。供应火锅的风味餐厅，必须加强对火炉的管理，液化石油气炉、酒精炉和木炭炉要慎用，由于酒精炉未熄灭就添加酒精很容易导致火灾事故的发生，所以操作时严禁在火焰未熄灭前添加酒精，酒精炉最好使用固体酒精燃料，但应加强对固体酒精存放的管理。餐厅内应在多处放置烟缸、痰盂，以方便宾客扔放烟头和火柴梗。

第三，注意燃气使用防火。厨房内燃气管道、法兰接头、仪表、阀门必须定期检查，防止泄漏；发现燃气泄漏，首先要关闭阀门，及时通风，并严禁任何明火和启动电源开关。燃气库房不得存放或堆放餐具等其他物品。楼层厨房不应使用瓶装液化石油气，煤气、天然气管道应从室外单独引入，不得穿过客房或其他公共区域。

第四，厨房用火用电的管理。厨房内使用的绞肉机、切菜机等电气机械设备，不得过载运行，并防止电器设备和线路受潮。油炸食品时，锅内的油不要超过三分之二，以防食油溢出着火。工作结束后，操作人员应及时关闭厨房的所有燃气阀门，切断气源、火源和电源后方能离开。厨房的烟道，至少应每季度清洗一次；厨房燃油、燃气管道应经常检查、检测和保养。厨房内除配置常用的灭火器外，还应配置石棉毯，以便扑灭油锅起火的火灾。

3.电器设备

随着科学技术的发展，电气化、自动化在宾馆、饭店日益普及，电冰箱、电热器、电风扇、电视机、各类新型灯具以及电动扶梯、电动窗帘、空调设备、吸尘器、电灶具等已被宾馆和饭店大量采用。此外，随着改革开放的发展，国外的长驻商社在宾馆、饭店内设办事机构的日益增多，复印机、电传机、打字机、载波机、碎纸机等现代办公设备也在广泛应用。在这种情况下，用电急增，往往超过原设计的供电容量，因增加各种电器而产生过载或使用不当，引起的火灾已时有发生，故应引起足够的重视。宾馆、饭店的电气线路，一般都敷设在闷顶和墙内，如发生漏电短路等电气故障，往往先在闷顶内起火，而后蔓延，并不易及时发觉，待发现时火已烧大，造成无可挽回的损失。为此，电器设备的安装、使用、维护必须做到以下几点。

（1）客房里的台灯、壁灯、落地灯和厨房内的电冰箱、绞肉机、切菜机等电器设备的金属外壳，应有可靠的接地保护。床台柜内设有音响、灯光、电视等控制设备的，应做好防火隔热处理。

（2）照明灯灯具表面高温部位不得靠近可燃物；碘钨灯、荧光灯、高压汞灯（包括日光灯镇流器），不应直接安装在可燃物上；深罩灯、吸顶灯等，如安装在可燃物附近时，应加垫石棉瓦和石棉板（布）隔热层；碘钨灯及功率大的白炽灯的灯头线，应采用耐高温线穿套管保护；厨房等潮湿地方应采用防潮灯具。

4.维修施工

宾馆、饭店往往要对客房、餐厅等进行装饰、更新和修缮，因使用易燃液

体稀释维修或使用易燃化学黏合剂粘贴地面和墙面装修物等,大都有易燃蒸气产生,遇明火会发生着火或爆炸。在维修安装设备进行焊接或切割时,因管道传热和火星溅落在可燃物上以及缝隙、夹层、垃圾井中也会导致阴燃而引起火灾。因此要注意以下几点。

(1)使用明火时应严格控制。除餐厅、厨房、锅炉的日常用火外,维修施工中电气焊割、喷灯烤漆、搪锡熬炼等动火作业,均须报请保安部门批准,签发动火证,并清除周围的可燃物,派人监护,同时备好灭火器材。

(2)在防火墙、不燃体楼板等防火分隔物上,不得任意开凿孔洞,以免烟火通过孔洞造成蔓延。安装窗式空调器的电缆线穿过楼板开孔时,空隙应用不燃材料封堵;空调系统的风管在穿过防火墙和不燃体板墙时,应在穿过处设阻火阀。

(3)中央空调系统的冷却塔,一般都设在建筑物的顶层。目前普遍使用的是玻璃钢冷却塔,这是一种外壳为玻璃钢,内部填充大量聚丙烯塑料薄片的冷却设备。聚丙烯塑料片的片与片之间留有空隙,使水通过冷却散热。这种设备使用时内部充满了水,并没有火灾危险。但是在施工安装或停用检查时,冷却塔却处于干燥状态,由于塑料薄片非常易燃,而且片与片之间的空隙有利于通风,起火后会立即扩大成灾,扑救也比较困难。在用火管理上应列为重点,不准在冷却塔及其附近任意动用明火。

(4)装饰墙面或铺设地面时,如采用油漆和易燃化学黏合剂,应严格控制用量,作业时应打开窗户,加强自然通风,并且切断作业点的电源,附近严禁使用明火。

5.安全疏散设施

建筑内安全疏散设施除消防电梯外,还有封闭式疏散楼梯,主要用于发生火灾时扑救火灾和疏散人员、物资,必须绝对不在疏散楼梯间堆放物资,否则一旦发生火灾,后果不堪设想。为确保防火分隔,由走道进入楼梯间前室的门应为防火门,而且应向疏散方向开启。宾馆、饭店的每层楼面应挂平面图,楼梯间及通道应有事故照明灯具和疏散指示标志;装在墙面上的地脚灯最大距离不应超过

20m，距地面不应大于1m，不准在楼内通道上增设床铺，以防影响紧急情况下的安全疏散。

宾馆、饭店内的宴会厅、歌舞厅等人员集中的场所，应符合公共娱乐场所的有关防火要求。

6.应急灭火疏散训练

根据宾馆、饭店的性质及火灾特点，宾馆、饭店的消防安全工作，要以自防自救为主，在做好火灾预防工作的基础上，应配备一支训练有素的应急力量，以便在发生火灾时，特别是在夜间发生火灾时，能够正确处置，尽可能地减少损失和人员伤亡。

（1）应制订应急疏散和灭火作战预案，绘制出疏散及灭火作战指挥图和通信联络图。总经理和部门经理以及全体员工，均应经过消防训练，了解和掌握在发生火灾时，本岗位和本部门应采取的应急措施，以免临时慌乱。在夜间应留有足够的应急力量，以便在发生火灾时能及时进行扑救，并组织和引导旅客及其他人员安全疏散。

（2）应急力量的所有人员应配备防烟、防毒面具、照明器材及通信设备，并应配以明显标志，高层宾馆、饭店在客房内还应配备救生器材。所有保安人员，均应了解应急预案的程序，以便能在紧急状态时及时有效地采取措施。消防中心控制室应配有足够的值班人员，且能熟练地掌握火灾自动报警系统和自动灭火系统设备的性能。在发生火灾时，这类自动报警和灭火设备能及时准确地进行动作，并能将情况通知有关人员。

（3）客房内宜备有红、白两色光的专用逃生手电，便于旅客在火灾情况下，能够起到照明和发射救生信号之用；同时应备有自救保护的湿毛巾，以过滤燃烧产生的浓烟及毒气，便于疏散和逃生。

（4）为了经常保持防火警惕，应在每季度组织一次消防安全教育活动，每年组织一次包括旅客参加的"实战"演习。

第四节　易燃易爆危险品管理

一、危险品安全管理的职责范围

根据国家对危险品安全管理的社会分工及《危险品安全管理条例》的规定，政府有关对危险品生产、经销、储存、运输、使用以及对废弃危险品处置实施安全监督管理的部门，按下列职责进行分工。

（1）国务院和省、自治区以及直辖市人民政府安全生产监督管理部门，负责危险品安全监督的综合管理。包括危险品生产、储存企业的设立及其改建、扩建的审查，危险品包装物、容器（包括用于运输工具的槽罐，下同）专业生产企业的审查及定点，危险品经营许可证的发放，国内危险品的登记，危险品事故应急救援的组织和协调以及前述事项的监督检查。对于设区的市级人民政府及县级人民政府负责危险品安全监督综合管理工作部门的职责范围，可以由各该级人民政府确定，并且应依照国务院颁发的《危险品安全管理条例》的规定履行职责[1]。

（2）公安部门负责危险品的公共安全管理、剧毒品购买凭证及准购证的发放，审查、核发剧毒品公路运输通行证，对危险品道路运输安全实施监督和前述事项的监督检查。

公众上交的危险品，由公安部门接收。公安部门接收的危险品及其他有关部门收缴的危险品，应当交由环境保护部门认定的专业单位进行处理。

根据《消防法》第二十三条的规定，公安机关消防机构对易燃易爆危险品的生产、储存、运输、销售、销毁和使用负有消防监督管理之责。易燃易爆危险品包括易燃液体、易燃气体、易燃固体、自燃物品、遇湿易燃物品、氧化性气体、氧化剂以及有机过氧化物等具有易燃易爆危险性的危险品。

（3）质检部门负责易燃易爆危险品及其包装物（散装容器）生产许可证的发放，对易燃易爆危险品包装物（含容器）的产品质量实施监督，并且负责前述

---

[1] 施华杰.易燃易爆场所电气防火探讨[J].电子世界，2014（07）：192-193.

事项的监督检查。质检部门应当将颁发易燃易爆危险品生产许可证的情况通报国务院经济贸易综合管理部门、环境保护部门以及公安部门。

（4）环境保护部门负责废弃易燃易爆危险品处置的监督管理，重大易燃易爆危险品污染事故及生态破坏事件的调查，毒害性易燃易爆危险品事故现场的应急监测及进口易燃易爆危险品的登记，并且负责前述事项的监督检查。

（5）铁路、民航部门负责易燃易爆危险品铁路、航空运输以及易燃易爆危险品铁路、民航运输单位及其运输工具的安全管理及监督检查。交通部门负责易燃易爆危险品公路与水路运输单位及其运输工具的安全管理及对易燃易爆危险品水路运输安全实施监督，负责易燃易爆危险品公路、水路运输单位、船员、驾驶人员、装卸人员和押运人员的资质认定，以及易燃易爆危险品公路、水路运输安全的监督检查。

（6）卫生行政部门负责易燃易爆危险品的毒性鉴定及易燃易爆危险品事故伤亡人员的医疗救护工作。

（7）工商行政管理部门根据有关部门的批准、许可文件，核发易燃易爆危险品生产、经销、储存以及运输单位的营业执照，并监督管理易燃易爆危险品市场经营活动。

（8）邮政部门负责邮寄易燃易爆危险品的监督检查工作。

二、政府部门危险品监督检查的权限和要求

为确保对易燃易爆危险品的监督检查工作能够正常、有序、顺利进行，政府有关部门在进行监督检查时，应当根据法律、法规授权的范围及国家对易燃易爆危险品安全管理的职责分工，依法行使以下职权。

（1）进入易燃易爆危险品作业场所进行现场检查，调取有关资料，向相关人员了解具体情况，向易燃易爆危险品单位提出整改措施及建议。

（2）发现易燃易爆危险品事故隐患时，责令立即或限期排除。

（3）对有根据认为不符合有关法律、法规、规章规定以及国家标准要求的设施、设备、器材和运输工具，责令立即停止使用。

（4）发现违法行为，当场予以纠正或责令限期改正。有关部门派出的工作人员依法进行监督检查时，应当出示证件。易燃易爆危险品单位应当接受相关部门依法实施的监督检查，不得拒绝和阻挠。

三、易燃易爆危险品单位的职责及管理要求

易燃易爆危险品单位应当具备有关法律、行政法规以及国家标准或者行业标准规定的生产安全条件；不具备条件的，不得从事生产经营活动。

（一）易燃易爆危险品单位主要负责人的安全职责

易燃易爆危险品单位的主要负责人必须具备同本单位所从事的生产经营活动相应的安全生产知识及管理能力，并应由有关主管部门对其安全生产知识和管理能力考核（考核不得收费）合格后方可任职；应确保本单位易燃易爆危险品的安全管理符合有关法律、法规、规章的规定和国家标准的要求，并认真履行下列职责。

（1）建立和健全本单位的安全责任制。

（2）组织制定本单位的安全规章制度及安全操作规程。

（3）确保本单位安全投入的有效实施。

（4）督促、检查本单位的安全工作，及时消除隐患。

（5）组织制订并且实施本单位的事故应急救援预案。

（6）及时、如实报告事故。

（二）易燃易爆危险品单位的从业人员、安全管理人员、安全管理机构以及安全资金的管理要求

（1）从事生产、经销、储存、运输以及使用易燃易爆危险品或者处置废弃易燃易爆危险品活动的人员，应当接受有关法律、法规、规章和安全知识、专业技术、人体健康防护以及应急救援知识的培训，并且经考核合格才能上岗作业。

（2）应当设置安全管理机构或者配备专职的安全管理人员。安全管理人员应当具备同本单位所从事的生产经营活动相适应的安全知识及管理能力，并且应由有关主管部门对其安全知识和管理能力进行考核合格后才能任职。但是主管部门的考核不应当收费。

（3）安全管理机构应当对易燃易爆危险品从业人员进行安全教育及培训，并保证从业人员具备必要的安全知识，熟悉有关的安全规章制度与安全操作规程，掌握本岗位的安全操作技能。未经安全教育和培训合格的从业人员，不得上岗作业。此外，当采用新工艺、新技术以及新材料或使用新设备时，应当了解、掌握其安全技术特性，采取有效的安全防护措施，并且对其从业人员进行专门的安全教育和培训。从事易燃易爆危险品作业的人员，还应按国家有关规定接受专门的特种作业安全培训，并取得特种作业操作资格证书之后才能上岗作业。

（4）易燃易爆危险品单位应当具备生产安全条件及所必需的资金投入，生产经营单位的决策机构、主要负责人或个人经营的投资人应当予以保证，并且对由于生产安全所必需的资金投入不足导致的后果承担相应的责任。

（三）易燃易爆危险品单位建设、施工，生产工艺及设备的管理要求

（1）易燃易爆危险品单位新建、改建以及扩建工程项目（以下统称建设项目）的安全设施，应当与主体工程同时设计、同时施工、同时投入生产及使用。对安全设施的投资应当纳入建设项目概算，并应当分别按照国家有关规定进行安全条件论证与安全评价。其建设项目的安全设施设计应按国家有关规定报经有关部门审查，审查部门及负责审查的人员应对审查结果负责。对用于易燃易爆危险品生产及储存建设项目的施工单位，应按批准的安全设施设计施工，并应对安全设施的工程质量负责。建设项目竣工投入生产或者使用之前，还应当依照有关法律、行政法规的规定对安全设施进行验收，验收合格后，才能投入生产和使用。同时，验收部门和其验收人员应当对验收结果负责。

（2）在有较大危险因素的生产经营场所及有关设施、设备上，应当设置明显的安全警示标志。安全设备的设计、制造、安装、使用、检测、维修、改造以

及报废,应当符合国家标准或者行业标准。对安全设备要进行经常性维护、保养,并定期检测,以确保设备的正常运转。安全设备的维护、保养、检测应当做好记录,并由有关人员签字;对涉及生命安全、危险性比较大的特种设备,以及盛装易燃易爆危险品的容器、运输工具,还应按国家有关规定,由专业生产单位生产,并经取得专业资质的检测、检验机构检测、检验合格,并取得安全使用证或安全标志后才可投入使用。检测、检验机构应当对检测及检验结果负责。

(3)国家对严重危及生产安全的工艺、设备实行淘汰制度。国家明令淘汰、禁止使用的危及生产安全的工艺和设备不得使用。

四、易燃易爆危险品生产、储存和使用的消防安全管理

(一)易燃易爆危险品生产、储存企业应当具备的消防安全条件

国家对易燃易爆危险品的生产与储存实行统一规划、合理布局和严格控制的原则,并实行审批制度。在编制总体规划时,设区的城市人民政府应根据当地经济发展的实际需要,按照保证安全的原则,规划出专门用于易燃易爆危险品生产与储存的适当区域。生产、储存易燃易爆危险品时应当满足下列条件。

(1)生产工艺、设备或储存方式、设施符合国家标准。

(2)企业的周边防护距离符合国家标准或国家有关规定。

(3)管理人员和技术人员符合生产或储存的需要。

(4)消防安全管理制度健全。

(5)符合国家法律、法规规定以及国家标准要求的其他条件。

(二)易燃易爆危险品生产、储存企业设立报审时应当提交的文件及审批要求

为了严格管理,易燃易爆危险品生产及储存企业在设立时,应当向设区的市级人民政府负责易燃易爆危险品安全监督综合管理的部门提出申请;剧毒性易

燃易爆危险品还应向省、自治区、直辖市人民政府经济贸易综合管理部门提出申请。但是无论哪一级申请，都应当提交以下文件。

（1）可行性研究报告。

（2）原料、中间产品、最终产品或储存易燃易爆危险品的自燃点、闪点、爆炸极限、毒害性、氧化性等理化性能指标。

（3）包装、储存以及运输的技术要求。

（4）事故应急救援措施。

（5）安全评价报告。

（6）符合易燃易爆危险品生产、储存的企业必须具备条件的证明文件。

省、自治区、直辖市人民政府经济贸易管理部门或设区的市级人民政府负责易燃易爆危险品安全监督综合管理的部门，在收到申请和提交的文件后，应当组织有关专家进行审查，提出审查意见，并报本级人民政府做出批准或者不予批准的决定。根据本级人民政府的决定，予以批准的，由省、自治区以及直辖市人民政府经济贸易管理部门或者设区的市级人民政府负责易燃易爆危险品安全监督管理的部门颁发批准书，申请人凭批准书向工商行政管理部门办理登记注册手续；不予批准的，应以书面形式通知申请人。

（三）易燃易爆危险品生产、储存、使用单位的消防安全管理

由于易燃易爆危险品在生产、储存、使用过程中受到振动、摩擦、摔碰、挤压、雨淋以及高温、高压等外在因素的影响最大，因而带来的事故隐患也最多，并且一旦发生事故所带来的危害也最大。生产、储存、装卸易燃易爆危险品的工厂、仓库和专用车站、码头的设置，应当满足消防技术标准。易燃易爆气体和液体的充装站、供应站、调压站，应当设置在符合消防安全要求的位置，并符合防火防爆要求。已经设置的生产、储存以及装卸易燃易爆危险品的工厂、仓库和专用车站、码头，易燃易爆气体和液体的充装站、供应站以及调压站，不再符合前款规定的，地方人民政府应当组织、协调有关部门、单位限期解决，将事故隐患消除，并严格各项管理要求。

（1）依法设立的易燃易爆危险品生产企业，应向国务院质检部门申请领取易燃易爆危险品生产许可证；没有取得易燃易爆危险品生产许可证的，不得开工生产；当需要改建、扩建时，应报经政府有关部门审查批准。当需要转产、停产、停业或解散的，应采取有效措施处置易燃易爆危险品的生产或者储存设备、库存产品及生产原料，以将各种事故隐患消除。处置方案应当报所在地设区的市级人民政府负责易燃易爆危险品安全监督综合管理工作的部门及同级环境保护部门、公安部门备案。负责易燃易爆危险品安全监督综合管理工作的部门应当对处置情况进行监督检查。

（2）生产易燃易爆危险品的单位，应在易燃易爆危险品的包装内附有与易燃易爆危险品完全一致的产品安全技术说明书，并在包装（包括外包装件）上加贴或拴挂与包装内易燃易爆危险品完全一致的易燃易爆危险品安全标签及易燃易爆危险品包装标志。当发现其生产的易燃易爆危险品有新的危害特性时，应立即公告，并且及时修订其安全技术说明书及安全标签和易燃易爆危险品包装标志。

（3）使用易燃易爆危险品从事生产的单位，其生产条件应符合国家标准和国家有关规定，建立、健全使用易燃易爆危险品的安全管理规章制度，并根据国家有关法律、法规的规定取得相应的许可，确保易燃易爆危险品的使用安全。应当根据易燃易爆危险品的种类、特性，在车间、库房等作业场所设置相应的监测、通风、防晒、调温、防火、灭火、防爆、泄压、防毒、中和、消毒、防潮、防雷、防静电、防腐、防渗漏、防护围堤或隔离操作等安全设施、设备和通信、报警装置，并且应按照国家标准和国家有关规定进行维护、保养，确保在任何情况下都处于正常适用状态，且符合安全运行要求。

（4）国家明令禁止的易燃易爆危险品任何单位和个人不得生产、经销和使用。

（四）易燃易爆危险品生产、储存、使用场所、装置、设施的消防安全评价

1.安全性评价的意义

对易燃易爆危险品生产、储存、使用的场所、装置以及设施进行安全评价是

预防易燃易爆危险品事故的一项重要措施。利用安全评价可以评价发生事故的可能性及其后果的严重程度，并根据其制订有针对性的预防措施和应急预案，从而使事故的发生频率和损失程度降低，可以达到以下要求。

（1）系统地从计划、设计、制造以及运行等过程中考虑安全技术和安全管理问题，找出生产、储存以及使用中潜在的危险因素，提出相应的安全措施。

（2）对潜在的事故隐患进行定性、定量的分析及预测，使系统建立起更加安全的最优方案，制定更加科学合理的安全防护措施。

（3）评价设备、设施或者系统的设计是否使收益与安全达到最合理的平衡。

（4）评价设备、设施或系统在生产、储存和使用中是否满足法律法规和标准的规定。

2.安全性评价的步骤和方法

安全评价一般分为下列四个步骤。

（1）收集资料。就是根据评价的对象及范围收集国内外的法律法规和标准，了解同类易燃易爆危险品的生产设备、设施、工艺以及事故情况，评价对象的地理气象条件及社会环境情况等。

（2）辨识与分析危险危害因素。就是根据设备、设施或者场所的地理、气象条件及工程建设方案、工艺流程、装置布置、主要设备和仪器仪表、原材料以及中间体产品的理化性质等情况，进行辨识和分析可能发生事故的类型、事故的原因及机理。

（3）具体评价。就是在上述危险分析的基础上，划分评价单元，依据评价目的和评价对象的复杂程度选择具体的一种或多种评价方法，对发生事故的可能性和严重程度进行定性或者定量评价；并在此基础上进行危险分级，以确定管理的重点。

（4）提出降低或控制危险的安全对策。就是依据安全评价和分级结果，提出相应的对策措施。对于高于标准的危险情况，应采取坚决的工程技术或者组织管理措施，降低或者控制危险状态。对低于标准的危险情况应当分两种情况解决：对属于可以接受或允许的危险情况，应建立监测措施，避免因生产条件的变更而导致危险值增加；对不可能排除的危险情况，应采取积极的预防措施，并依据潜在的事故隐患提出事故应急预案。

安全评价的方法，可依据评价对象、评价人员素质和评价的目的选择。一般典型的评价方法有安全检查表法、危险性预先分析法、危险指数法、危险可操作性研究法、故障类型与影响分析法、人的可靠性分析法、故障树分析法、作业条件危险性评价法、概率危险分析法以及着火爆炸危险指数评价法等。

3.安全性评价的要求

（1）生产、储存、使用易燃易爆危险品的装置，一般应每两年进行一次安全性评价。但由于剧毒品一旦发生事故可能造成的伤害和危害更严重，并且相同剂量的易燃易爆危险品存在于同一环境，剧毒品造成事故的危害会更大。要求生产、储存以及使用的单位，对生产、储存剧毒品的装置应每年进行一次安全性评价。

（2）安全性评价报告应当对生产、储存装置存在的事故隐患提出整改方案，当发现存在现实危险时，应当立即停止使用，予以更换或修复，并采取相应的安全措施。

（3）由于安全评价报告所记录的是安全评价的过程及结果，并包括了对于不合格项提出的整改方案、事故预防措施及事故应急预案。因此对安全性评价的结果应当形成文件化的评价报告，并且报所在地设区的市级人民政府负责易燃易爆危险品安全监督综合管理工作的部门备案。

（五）易燃易爆危险品包装的消防安全管理要求

易燃易爆危险品包装的好坏对保证易燃易爆危险品的安全十分重要，如果不能满足运输储存的要求，就有可能在运输储存和使用过程中发生事故。易燃易爆危险品包装在管理上应符合以下要求。

（1）易燃易爆危险品的包装应当符合国家法律、法规、规章的规定以及国家标准的要求。包装的材质、形式、规格、方法以及单件质量（重量），应与所包装易燃易爆危险品的性质及用途相适应，以便装卸、运输和储存。

（2）易燃易爆危险品的包装物、容器，应由省级人民政府经济贸易管理部门审查合格的专业生产企业定点生产，并通过国务院质检部门认可的专业检测、检验机构检测、检验合格，方可使用。

（3）重复使用的易燃易爆危险品包装物（含容器）在使用前应当进行检查，并且做出记录；检查记录至少应保存2年。质检部门应对易燃易爆危险品包装物（含容器）的产品质量进行定期或不定期的检查。

（六）易燃易爆危险品储存的消防安全管理要求

由于储存易燃易爆危险品的仓库一般都是重大危险源，一旦发生事故往往带来重大损失和危害，因此对易燃易爆危险品储存仓库应当有更加严格的要求。

（1）易燃易爆危险品必须储存在专用仓库、专用场地或专用储存室（以下统称专用仓库）内，储存方式、方法与储存数量必须满足国家标准，并由专人管理出入库，应当进行核查登记。

（2）库存易燃易爆危险品应当分类、分项储存，性质互相抵触、灭火方法不同的易燃易爆危险品不得混存，堆垛要留有垛距、墙距、顶距、柱距、灯距，要定期检查、保养，注意防热及通风散潮。

（3）剧毒品、爆炸品以及储存数量构成重大危险源的其他易燃易爆危险品必须单独存放于专用仓库内，实行双人收发、双人保管制度。储存单位应将储存剧毒品以及构成重大危险源的其他易燃易爆危险品的数量、地点以及管理人员的情况，报当地公安部门及负责易燃易爆危险品安全监督综合管理工作部门备案。

（4）易燃易爆危险品专用仓库，应符合国家标准对安全、消防的要求，设置明显标志。应定期对易燃易爆危险品专用仓库的储存设备及安全设施进行检测。

（5）对废弃易燃易爆危险品处置时，应严格按固体废物污染环境防治法和国家有关规定进行。

五、易燃易爆危险品经销的消防安全管理

（一）经销易燃易爆危险品必须具备的条件

国家对易燃易爆危险品经销实行许可制度。未经许可，任何单位及个人都是不能够经销易燃易爆危险品的。经销易燃易爆危险品的企业应当具备以下条件。

（1）经销场所及储存设施符合国家标准。

（2）主管人员和业务人员经过专业培训，并且取得上岗资格。

（3）安全管理制度健全。

（4）符合法律、法规规定以及国家标准要求的其他条件。

（二）易燃易爆危险品经销许可证的申办程序

（1）经销剧毒品性易燃易爆危险品的企业，应当分别向省、自治区以及直辖市人民政府的经济贸易管理部门或设区的市级人民政府负责易燃易爆危险品安全监督综合管理工作的部门提出申请，并附送满足易燃易爆危险品经销企业条件的相关证明材料。

（2）省、自治区、直辖市人民政府的经济贸易管理部门或设区的市级人民政府负责易燃易爆危险品安全监督综合管理工作的部门接到申请之后，应当依照规定对申请人提交的证明材料及经销场所进行审查。

（3）经审查，不符合条件的，书面通知申请人并说明理由；符合条件的，颁发危险品经销（营）许可证，并将颁发危险品经销（营）许可证的情况通报同级公安部门及环境保护部门。申请人凭危险品经销（营）许可证向工商行政管理部门办理登记注册手续。

（三）易燃易爆危险品经销的消防安全管理要求

（1）企业经销易燃易爆危险品时，不应当从未取得易燃易爆危险品生产许可证或易燃易爆危险品经销（营）许可证的企业采购易燃易爆危险品；易燃易

爆危险品生产企业也不得向没有取得易燃易爆危险品经销（营）许可证的单位或个人销售易燃易爆危险品。

（2）经销易燃易爆危险品的企业不得经销国家明令禁止的易燃易爆危险品；也不得经销无安全技术说明书及安全标签的易燃易爆危险品。

（3）经销易燃易爆危险品的企业储存易燃易爆危险品时，应遵守国家易燃易爆危险品储存的有关规定。经销商店内只能够存放民用小包装的易燃易爆危险品，其总量不得超过国家规定的限量。

六、易燃易爆危险品运输的消防安全管理

（一）易燃易爆危险品运输消防安全管理的基本要求

国家对易燃易爆危险品的运输实行资质认定制度，未经过资质认定，不得运输易燃易爆危险品。为此，运输易燃易爆危险品应当符合以下要求。

（1）用于易燃易爆危险品运输工具的槽、罐以及其他容器，应由符合规定条件的专业生产企业定点生产，并经检测、检验合格，方可使用。质检部门应当对满足规定条件的专业生产企业定点生产的槽、罐以及其他容器的产品质量进行定期或者不定期的检查。

（2）易燃易爆危险品运输企业，应当对其驾驶员、船员、装卸管理人员以及押运人员进行有关安全知识培训；驾驶员、船员、装卸管理人员以及押运人员必须掌握易燃易爆危险品运输的安全知识，并且经所在地设区的市级人民政府交通部门考核合格（船员经海事管理机构考核合格），取得上岗资格证，方可上岗作业。易燃易爆危险品的装卸作业应严格遵守操作规程，并且在装卸管理人员的现场指挥下进行。

（3）运输易燃易爆危险品的驾驶员、船员、装卸人员以及押运人员应当了解所运载易燃易爆危险品的性质、危险、危害特性以及包装容器的使用特性和发生意外时的应急措施。在运输易燃易爆危险品时，应配备必要的应急处理器材及防护用品。

（4）托运易燃易爆危险品时，托运人应向承运人说明所运输易燃易爆危险品的品名、数量、危害以及应急措施等情况。当所运输的易燃易爆危险品需要添加抑制剂或稳定剂的，托运人交付托运时应当将抑制剂或者稳定剂添加充足，并且告知承运人。托运人不得在托运的普通货物中夹带易燃易爆危险品，也不得把易燃易爆危险品匿报或谎报为普通货物托运。

（5）运输、装卸易燃易爆危险品，应当依照有关法律、法规、规章的规定以及国家标准的要求，按易燃易爆危险品的危险特性，采取必要的安全防护措施。

（6）运输易燃易爆危险品的槽、罐以及其他容器必须封口严密，能承受正常运输条件下产生的内部压力和外部压力，确保易燃易爆危险品在运输中不因温度、湿度或者压力的变化而发生任何渗（洒）漏。

（7）任何单位和个人不得邮寄或在邮件内夹带易燃易爆危险品，也不得将易燃易爆危险品匿报或谎报为普通物品邮寄。

（8）通过铁路及航空运输易燃易爆危险品的，应符合国务院铁路、民航部门的有关专门规定。

（二）易燃易爆危险品公路运输的消防安全管理要求

易燃易爆危险品公路运输时由于受驾驶技术、道路状况、车辆状况以及天气情况的影响很大，因而所带来的危险因素也很多，一旦发生事故扑救难度较大，往往带来重大经济损失及人员伤亡，因此，应当严格管理。

（1）通过公路运输易燃易爆危险品时，必须配备押运人员，并且随时处于押运人员的监管之下。不得超装、超载，不得进入易燃易爆危险品运输车辆禁止通行的区域；若确需进入禁止通行区域的，则应当事先向当地公安部门报告，并由公安部门为其指定行车时间和路线，并且运输车辆必须遵守公安部门为其指定的行车时间及路线。

（2）利用公路运输易燃易爆危险品的，托运人只能委托有易燃易爆危险品运输资质的运输企业承运。

（3）剧毒性易燃易爆品在公路运输途中发生被盗、丢失、流散以及泄漏等情况时，承运人及押运人员应当立即向当地公安部门报告，并采取一切可能的警示措施。公安部门接到报告之后，应立即向其他有关部门通报情况，相关部门应采取必要的安全措施。

（4）易燃易爆危险品运输车辆禁止通行的区域，由设区的市级人民政府公安部门划定，并且设置明显的标志。运输烈性易燃易爆危险品途中需要停车住宿或者遇有无法正常运输的情况时，应当向当地公安部门报告。

（三）易燃易爆危险品水路运输的消防安全管理要求

易燃易爆危险品在水上运输时，一旦发生事故往往对水道形成阻塞或者对水域造成污染，给人民的生命财产带来更大的危害，而且往往扑救较为困难。因此，水上运输易燃易爆危险品时应当有比陆地更为严格的要求。

（1）禁止通过内河以及其他封闭水域等航运渠道运输剧毒性易燃易爆危险品。

（2）通过内河以及其他封闭水域等航运渠道运输禁运以外的易燃易爆危险品时，只能委托有易燃易爆危险品运输资质的水运企业承运，并按国务院交通部门的规定办理手续，并且接受有关交通港口部门及海事管理机构的监督管理。

（3）运输易燃易爆危险品的船舶及其配载的容器应按照国家关于船舶检验的规范进行生产，并通过海事管理机构认可的船舶检验机构检验合格，方可投入使用。

七、易燃易爆危险品销毁的消防安全管理

易燃易爆危险品如因质量不合格，或因失效、变态废弃时，要及时将其销毁处理，以防止管理不善而引发火灾、中毒等灾害事故的发生。为了保证安全，严禁随便弃置堆放和排入地面、地下及任何水系。

（一）销毁易燃易爆危险品应具备的消防安全条件

由于废弃的易燃易爆危险品稳定性差、危险性大，因此销毁处理时必须有

可靠的安全措施,并须通过当地公安和环保部门同意才可进行销毁,其基本条件如下。

(1)销毁场地的四周和防护设施,均应满足安全要求。

(2)销毁方法选择正确,适合所要销毁物品的特性,安全、易操作以及不会污染环境。

(3)销毁方案无误,防范措施周密、落实。

(4)销毁人员经安全培训合格,有法定许可的证件。

(二)易燃易爆危险品的销毁方法

易燃易爆危险品的销毁应当根据所销毁物品的特性,选择安全、经济、易操作以及无污染的销毁方法。根据各企业单位的实践,下列几种方法可供选择。

1.爆炸法

所谓爆炸法,指的是将可一次完全爆炸的作废爆炸品用起爆器材引爆销毁的方法。此种方法主要在爆炸品销毁时使用,一次的最大销毁量不应超过2kg。销毁的方法为,先挖好坑深1m的炸毁坑,然后把所要销毁的废弃爆炸品在炸坑里整齐摆放成金字塔形,用带有起爆雷管的炸药包放在塔的顶部引爆进行销毁。当使用导火索引爆时,应将导火索铺在炸药堆的下风方向并伸直,用土压好(严禁用石块、石头盖覆);使用发爆器引爆时,手柄或者钥匙必须由放炮员随身携带;用动力电引爆时,必须设有双重保险开关,当场地人员全部撤离后方准连接母线;用延期电雷管或火雷管起爆时,火药堆之间要保持一定的距离,并将炮数记清,如有丢炮必须停留一定时间,方准检查处理。

操作时要做好警戒,点火人员与警戒人员取得联系后才可点火引爆。试验销毁完毕,对残药、残管亦应进行销毁处理。销毁雷管时要把雷管的脚线剪下并放入包装盒内,埋入土中。不准销毁没有任何包装的雷管。

2.燃烧销毁法

燃烧销毁法,就是对在一定条件下可以完全燃烧并且燃烧产物没有毒害性、放射性的废弃易燃易爆危险品点燃,使其烧尽毁弃的方法。凡是符合以上条件的易燃易爆危险品才可以采用此法销毁。

在采用烧毁法销毁时,废火药、猛炸药的一次销毁量不得大于200kg,在销毁之前必须对所要销毁的火药、炸药进行检查,避免将雷管、起爆药等混入。销毁废起爆药、击发药等,在销毁前宜用废机油浸泡12~24h,禁止成箱销毁;如有大的块状销毁物,要用木锤轻轻敲碎,然后再行烧毁,防止爆炸。在销毁时,将废药顺风铺成厚约2cm、宽20~30cm(指炸药)或者1~1.5m(指火药、烟火药)的长条,允许并列铺设多条,但是间距不应小于20m。在药条的下风方向铺设1~2m的引火物,点燃时先点燃引火物,不准直接点燃被销毁的火炸药。点燃引火物之后,操作人员应迅速避入安全区,避免被销毁物烧伤或者炸伤。在烧毁过程中,不准再行添加燃料,烧毁完毕之后要待被销毁物燃尽熄灭之后才能走近燃烧点。

3.水溶解法

水溶解法是对可溶解于水且溶解后能失去爆炸性、氧化性、易燃性、腐蚀性和毒害性等本身危险性的报废物品用水溶解的销毁方法。如硝酸铵及过氧化钠等有水解性的易燃易爆危险品均可使用此方法销毁。但是应当注意的是,用水溶解法销毁的报废品,其不溶物应捞出后另行处理。

4.化学分解法

化学分解法是利用化学方法将能被化学药品分解,消除其爆炸性、燃烧性等原危险性的报废品进行销毁的方法。如雷汞可用硫代硫酸钠或硫化钠化学分解销毁,叠氮化铅可用稀硝酸分解销毁等。用化学分解法销毁之后的残渣应检查证明其是否失去原爆炸性、燃烧性或其他危险性。

（三）易燃易爆危险品销毁的基本要求

易燃易爆危险品的销毁，要严格遵守国家有关安全管理的规定，严格遵守安全操作规程，以防着火、爆炸或其他事故的发生。

1.正确选择销毁场地

销毁场地的安全要求由于销毁方法的不同而有别。当采用爆炸法或者燃烧法销毁时，销毁场地应选择在远离居住区、生产区、人员聚集场所以及交通要道的地方，最好选择在有天然屏障或比较隐蔽的地区。销毁场地边缘与场外建筑物的距离不应小于200m，与公路、铁路等交通要道的距离不应小于150m。当四周无自然屏障时，应设有高度不小于3m的土堤防护。

销毁爆炸品时，销毁场地最好是没有石块、砖瓦的泥土或沙地。专业性的销毁场地，四周应砌筑围墙，围墙距作业场地边缘不应小于50m；临时性销毁场地四周应设警戒或铁丝网。销毁场地内应设人身掩体及点火引爆掩体。掩体的位置应在常年主导风向的上风方向，掩体之间的距离不应小于30m，掩体的出入口应背向销毁场地，并且距作业场地边缘的距离不应小于50m。

2.严格培训作业人员

执行销毁操作的作业人员，要通过严格的操作技术和安全培训，并经考试合格才能执行销毁的操作任务，执行销毁操作的作业人员应当具备下列条件。

（1）具有一定的专业知识。

（2）身体健壮，智能健全。

（3）工作认真负责，责任心强。

（4）经过安全培训合格。

3.严格消防安全管理

根据《消防法》的有关规定，公安消防机关应当加强对于易燃易爆危险品的监督管理。销毁易燃易爆危险品的单位应当严格遵守有关消防安全的规定,并认真落实具体的消防安全措施,当大量销毁时应当认真研究,制订出具体方案(包括一旦引发火灾时的应急灭火预案)向公安机关消防机构申报,通过审查并经现场检查合格方可进行,必要时,公安机关消防机构应当派出消防队现场执勤保护,保证销毁安全。

第四章　消防安全的重点管理

第一节　消防安全重点单位管理

消防安全重点单位是指发生火灾可能性较大以及发生火灾可能造成重大的人身伤亡或者财产损失的单位。公安机关消防机构受理本行政区域内消防安全重点单位的申报，将确定为消防安全重点的单位，由公安机关报本级人民政府备案。

一、确定消防安全重点单位的条件

确定消防安全重点单位的条件，通常包括以下10个方面。

（1）人员密集场所。

（2）国家机关。

（3）广播电台、电视台和邮政、通信枢纽。

（4）客运车站、码头、民用机场。

（5）档案馆以及具有火灾危险性的文物保护单位。

（6）发电厂（站）和电网经营企业。

（7）易燃易爆危险品的生产、充装、储存、供应、销售单位。

（8）重要的科研单位。

（9）高层办公楼（写字楼）、高层公寓楼等高层公共建筑，城市地下铁道、地下观光隧道等地下公共建筑和城市重要的交通隧道,粮、棉、木材、百货等物资集中的大型仓库和堆场,国家和省级等重点工程的施工现场。

(10) 其他发生火灾可能性较大以及一旦发生火灾可能造成重大人身伤亡或者财产损失的单位。

消防安全重点单位的具体标准应当根据省、自治区、直辖市人民政府公安机关制定并公布的标准执行。

二、消防安全重点单位的界定标准

消防安全重点单位的确定应当根据发生火灾的危险性以及一旦发生火灾的危害后果和当地的经济发展情况来界定。

(一) 人员密集场所

(1) 建筑面积在 1000m² (含本数,下同) 以上且经营可燃商品的商场 (商店、市场)。

(2) 客房数在50间以上的宾馆 (旅馆、饭店)。

(3) 公共的体育场 (馆)、会堂。

(4) 建筑面积在200m²以上的公共娱乐场所。

(5) 住院床位在50张以上的医院。

(6) 老人住宿床位在50张以上的养老院。

(7) 学生住宿床位在100张以上的学校。

(8) 幼儿住宿床位在50张以上的托儿所、幼儿园。

(9) 生产车间员工在100人以上的服装、鞋帽、玩具等劳动密集型企业。

(二) 党委、人大、政府、政协和群众团体机关

(1) 县级以上的党委、人大、政府、政协机关。

（2）人民检察院、人民法院机关。

（3）中央和国务院各部委机关。

（4）共青团中央、全国总工会、全国妇联的办事机关。

（三）广播、电视和邮政、通信枢纽

（1）广播电台、电视台。

（2）城镇的邮政、通信枢纽单位。

（四）客运车站、码头、民用机场

（1）候车厅、候船厅的建筑面积在500m^2以上的客运车站和客运码头。

（2）民用机场。

（五）公共图书馆、展览馆、博物馆、档案馆以及具有火灾危险性的文物保护单位

（1）建筑面积在2000m^2以上的公共图书馆、展览馆。

（2）公共博物馆、档案馆。

（3）具有火灾危险性的县级以上文物保护单位。

（六）易燃易爆危险品的生产、充装、储存、供应、销售单位

（1）生产易燃易爆危险品的工厂。

（2）易燃易爆气体和液体的灌装站、调压站。

（3）储存易燃易爆危险品的专用仓库（堆场、储罐场所）。

（4）营业性汽车加油站、加气站，液化石油气供应站（换瓶站）。

（5）营销易燃易爆危险品的化工商店（其界定标准以及其他需要界定的易

燃易爆化学物品性质的单位及其标准，由省级公安机关消防机构根据实际情况确定）[①]。

（七）高层公共建筑、地下铁道、地下观光隧道，粮、棉、木材、百货等物资仓库和堆场，重点工程的施工现场

（1）高层公共建筑的办公楼（写字楼）、公寓楼等。

（2）城市地下铁道、地下观光隧道等地下公共建筑和城市重要的交通隧道。

（3）国家储备粮库、总储量在10000t以上的其他粮库。

（4）总储量在500t以上的棉库。

（5）总储量在10000m^3以上的木材堆场。

（6）总储存价值在1000万元以上的其他可燃物品仓库、堆场。

（7）国家和省级等重点工程的施工现场。

（八）其他发生火灾可能性较大以及一旦发生火灾可能造成人身重大伤亡或者财产重大损失的单位

界定标准由省级公安机关消防机构根据实际情况确定。

三、消防安全重点单位管理的基本措施

（一）确定消防安全责任人、管理人和管理工作归口的职能部门

任何一项工作目标的实现，都不能缺少具体负责人和负责部门的实施，否则，该项工作将无从落实。消防安全重点单位的管理工作也不能例外。目前许

---

① 范立刚，杨艳山.当前消防安全重点单位的监督管理探讨[J].今日消防，2020，5（03）：67-68.

多单位未设置或确定消防安全管理工作归口管理职能部门,消防安全管理分工不明,职责不清,权责分离,各项消防安全制度和措施难以真正落实,都与此有关。消防安全重点单位应当设置或者确定消防工作的归口管理职能部门,并确定专职或者兼职的消防管理人员。消防安全重点单位归口管理的职能部门和专兼职消防管理人员,应当在消防安全管理人的领导下(没有确定消防安全管理人的,在消防安全责任人领导下)具体开展消防安全管理工作,做到分工明确,责任到人,各尽其职,各负其责,形成一种科学、合理的消防安全管理机制,确保消防安全责任、消防安全制度和措施落到实处。

为了让符合《消防安全重点单位界定标准》的单位自觉"对号入座",保障当地公安消防机关及时掌握本辖区内消防安全重点单位的基本情况,消防安全重点单位还必须将已明确的本单位的消防安全责任人、消防安全管理人报当地公安机关消防机构备案,以便按照消防安全重点单位的要求进行严格管理。

(二)建立防火档案

1.消防安全重点单位建立消防档案的作用

建立消防档案是保障单位消防安全管理工作以及各项消防安全措施落实的基础工作,是对消防安全重点单位进行管理的一项重要措施。通过档案对各项消防安全工作情况的记载,可以检查单位相关岗位人员履行消防安全职责的实施情况,强化单位消防安全管理工作的责任意识,有利于推动单位的消防安全管理工作朝着规范化、制度化的方向发展。

2.消防档案应当包括的主要内容

消防档案的内容主要应当包括消防安全基本情况和消防安全管理情况两个方面。

(1)消防安全基本情况。

消防安全重点单位的消防安全基本情况主要包括以下方面。

第一，单位基本概况。主要包括：单位名称、地址、电话号码、邮政编码、防火责任人，保卫、消防或安全技术部门的人员情况和上级主管机关、经济性质、固定资产、生产和储存的火灾危险性类别及数量、总平面图、消防设备和器材情况、水源情况等。

第二，消防安全重点部位情况。主要包括：火灾危险性类别、占地和建筑面积、主要建筑的耐火等级及重点要害部位的平面图等。

第三，建筑物或者场所施工、使用或者开业前的消防设计审核、消防验收以及消防安全检查的文件、资料。

第四，消防管理组织机构和各级消防安全责任人。

第五，消防安全制度。主要包括：火源管理制度、动火审批制度、特殊工种防火制度、职工防火教育制度等消防安全管理制度。

第六，消防设施、灭火器材情况。

第七，专职消防队、志愿消防队人员及其消防装备配备情况。

第八，与消防安全有关的重点工种人员情况。

第九，新增消防产品、防火材料的合格证明材料。

第十，灭火和应急疏散预案等。

（2）消防安全管理情况。

消防安全重点单位的消防安全管理情况主要包括以下方面。

第一，公安消防机关填发的各种法律文书。

第二，消防设施定期检查记录、自动消防设施全面检查测试的报告以及维修保养的记录。

第三，历次防火检查、巡查记录。主要包括：检查的人员、时间、部位、内容，发现的火灾隐患（特别是重大火灾隐患情况）以及处理措施等。

第四，有关燃气、电气设备检测。主要包括：防雷、防静电等记录资料。

第五，消防安全培训记录。应当记明培训的时间、参加人员、内容等。

第六，灭火和应急疏散预案的演练记录。应当记明演练的时间、地点、内容、参加部门以及人员等。

第七，火灾情况记录。包括历次发生火灾的损失、原因及处理情况等。

第八，消防奖惩情况记录等。

3.建立消防档案的要求

（1）凡是消防安全重点单位都应当建立健全消防档案。

（2）消防档案包括（消防安全基本情况和消防安全管理情况）的内容应当齐全。

（3）内容记录应当翔实，全面反映单位消防工作的基本情况，并附有必要的图表，根据情况变化及时更新。

（4）单位应当对消防档案统一保管、备查。

（5）消防安全管理部门应当熟悉掌握本单位防火档案情况，并将每次消防安全检查情况和发生火灾的情况记入档案。

（6）防火档案建立后要切实加强管理，根据发展变化的实际情况经常充实、变更档案内容，使防火档案及时、正确地反映单位的客观情况。

（7）非消防安全重点单位亦应当将本单位的基本概况、公安机关消防机构填发的各种法律文书、与消防工作有关的材料和记录等统一保管备查。

（三）实行每日防火巡查

防火巡查制度就是指定专门人员负责防火巡视检查，以便及时发现火灾苗头，扑救初期火灾。

（1）员工遵守消防安全制度情况，纠正违章、违纪行为。

（2）安全出口、疏散通道是否畅通无阻，安全疏散标志是否完好。

（3）各类消防设施、器材是否在位，是否完整好用，是否处于正常运行状态。

（4）及时发现火灾隐患并妥善处置。

防火巡查的要求如下。

（1）公众聚集场所在营业期间的防火巡查应当至少每两小时一次。

（2）营业结束时应当对营业现场进行检查，消除遗留火种。

（3）医院、养老院、寄宿制的学校、托儿所、幼儿园应当加强夜间防火巡查（其他消防安全重点单位可以结合实际组织夜间防火巡查）。

（4）防火巡查人员应当及时纠正违章行为，妥善处置火灾危险，无法当场处置的，应当立即报告，发现初起火灾应当立即报警并及时扑救。

（5）防火巡查应当填写巡查记录，巡查人员及其主管人员应当在巡查记录上签名。

（四）员工进行消防安全培训

消防安全重点单位应当全员进行消防安全培训，对每名员工应当至少每年进行一次消防安全培训。其中公众聚集场所对员工的消防安全培训应当至少每半年进行一次。新上岗和进入新岗位的员工上岗前应再进行消防安全培训。

培训内容应当包括有关消防法规、消防安全制度和保障消防安全的操作规程；本单位、本岗位的火灾危险性和防火措施；有关消防设施的性能、灭火器材的使用方法；报火警、扑救初起火灾以及自救逃生的知识和组织、引导在场群众疏散的知识和技能等。

（五）制订灭火和应急疏散预案

为切实保证消防安全重点单位的安全，在抓好防火工作的同时，还应做好充分的灭火准备，制订周密的灭火和应急疏散预案。

1.灭火和应急疏散预案的主要内容

灭火和应急疏散预案的主要内容应当包括以下几点。

（1）组织机构，包括：灭火行动组、通信联络组、疏散引导组、安全防护救护组。

（2）报警和接警处置程序。

（3）应急疏散的组织程序和人员疏散疏导路线等措施。

（4）各级各岗位的职责分工，扑救初起火灾的程序和措施。

（5）通信联络、安全防护救护的程序以及其他特定的防火灭火措施和应急措施等。

2.制订灭火和应急疏散预案的程序

（1）确定消防安全重点单位和部位。

（2）预测火灾条件下的着火面积和燃烧周长。

（3）确定灭火战术和应急疏散措施。如各种火灾情况下的进攻路线、工艺灭火措施（关阀、断料、排空、放空等）；人员、物资的疏散、疏导路线、方法及防毒、排烟计划等。

（4）确定灭火战斗力量，包括所需人员和灭火剂的数量及消防车和灭火器材的数量等。

（5）填写灭火预案和绘制灭火应急疏散预案图。

3.制订灭火和应急疏散预案的要求

为了增强人们的消防安全意识，熟悉消防设施、器材的位置和使用方法，以更有效地保护人员的生命和财产的安全。

（1）应当按照灭火和应急疏散预案定期进行实际的操作演练，通常至少每半年进行一次，并结合实际，不断完善预案。

（2）其他单位应当结合本单位实际，参照制订相应的应急方案，至少每年组织一次演练。

（3）消防演练时，应当设置明显标志，并事先告知演练范围内的人员。

四、消防安全重点单位验收标准

消防安全重点单位一经确定，本单位和上级主管部门就应有计划地、经常不断地进行消防安全检查，督促落实各项防火措施，使之达到消防安全重点单位消防安全"十项标准"的要求，具体内容如下。

（一）有领导负责的逐级防火责任制的验收标准

（1）单位各级行政领导都要对消防安全负责。单位的法定代表人是单位消防安全的第一责任人，应当全面负责本单位的消防安全工作，并可确定一名副职为消防安全责任人，具体负责本单位的消防安全工作。分管其他工作的领导要负责分管范围内的消防安全工作。

（2）建立有领导负责的防火领导组织和逐级防火责任制，做到任务明确，层层负责。

（3）把消防安全列入领导议程，与生产和经营管理同计划、同布置、同检查、同总结、同评比。

（二）有生产岗位防火责任制的验收标准

（1）每个生产岗位都要有符合实际、切实可行的岗位防火责任制度。

（2）每个生产岗位的职工都要明确各自的防火责任区，明确本岗位的火灾危险性。

（3）每个岗位职工都能严格履行本岗位的防火责任，自觉地遵守消防安全规章制度和安全操作规程。

（三）有专职或兼职防火安全干部的验收标准

（1）轻工、纺织、商业、交通、化工、能源等工厂、企事业单位，应配备

足够数量的专职防火干部，其他单位一般设兼职防火干部。

（2）专、兼职防火干部有明确的职责、任务和权限，做到熟悉业务、坚持原则、认真负责、积极工作。

（3）专职防火干部要保持相对稳定，变动时要事先征得上级主管部门和公安消防机关的同意。

（四）有健全的消防安全制度的验收标准

（1）要建立健全各项消防安全制度，包括用火用电、易燃易爆危险物品管理、安全操作规程、防火安全检查、火灾隐患整改、火灾事故报告和调查处理、防火宣传教育、建筑防火送审、消防器材管理、消防安全奖惩等制度。

（2）制定各项消防安全制度要经过群众充分讨论，职工代表大会通过，作为单位规章公布执行。

（3）各项消防安全制度要符合实际，简要明确，要求合理，并教育职工自觉遵守，对违章现象要严肃处理。

（五）对火灾隐患能及时发现和立案、整改的验收标准

（1）要有内容明确、责任清楚的厂月检查、车间周检查、班组日检查、职工班前班后检查的四级检查制度，并能坚持执行。

（2）消防安全检查要注意实际效果，能及时发现火灾隐患，并及时登记、整改。一时整改不了的重大火灾隐患要建档立案，限期整改，未整改前采取可靠的安全措施。

（六）对消防重点部位做到定点、定人、定措施，并根据需要采用自动报警和灭火新技术的验收标准

（1）对重点部位要由本单位领导、保卫、安技部门和技术人员共同研究确定。

（2）重点部位有健全的消防规章制度、严格的防火安全措施和相应有效的消防设备、设施，并根据需要采用自动报警和灭火新技术。

（3）重点部位的防火责任落实到人。

（七）对职工群众普及消防知识，对重点工种人员进行专门的消防训练和考核的验收标准

（1）对全体职工群众要经常进行消防知识教育，定期进行考核，将其列为评选先进、晋升级别的一项内容。

（2）对新工人和变换工种的工人都要进行消防安全教育，经考试合格后才能上岗操作。

（3）对电工、焊工、保管员和更夫等特殊工种人员要经常进行专业性的消防训练，定期进行考核，实行持证上岗制度。

（4）通过教育和训练，使每个职工达到"四懂""四会"要求，即懂得本岗位生产过程中的火灾危险性，懂得预防火灾的措施，懂得扑救火灾的方法，懂得逃生的方法；会报警，会使用消防器材，会扑救初期火灾，会自救。

（八）有防火档案和灭火预案的验收标准

1.有健全的防火档案，做到内容完整、图字清晰，并随时记载，管好用活。

2.重点部位有扑救初期火灾的预案，并组织义务消防队和有关人员熟悉演练。

3.对消防工作定期总结评比，奖惩严明其验收标准如下。

（1）把消防工作纳入单位总结、检查、评比之中，有明确的评比内容和条

件，并把消防工作作为生产经营管理竞赛的一项内容。

（2）奖惩严明。对认真遵守消防规章制度，在消防安全工作中有显著成绩的单位和个人，要给予表扬和奖励；对违反消防规章制度的单位和个人，要进行批评教育、经济处罚或行政处分；对造成事故的单位和个人，要依法严肃处理。

单位应当将消防安全工作纳入内部检查、考核、评比内容。对在消防安全工作中成绩突出的部门（班组）和个人，单位应当给予表彰奖励。对未依法履行消防安全职责或者违反单位消防安全制度的行为，应当依照有关规定对责任人员给予行政纪律处分或者其他处理。

五、消防安全重点单位管理的优化策略

（一）建立健全完善的消防安全监督制度

虽然从某方面而言，现阶段大部分消防安全重点单位现已提高了对消防安全管理工作的高度重视，但在落实过程中却始终未能做出明确改变，安全监督制度不健全、不完善现象仍十分普遍。从某方面来讲，消防安全管理监督制度的确立，不仅能有效地提升员工和管理人员的消防安全意识，还能为后期人员消防安全工作的顺利开展提供战略指导，降低事故的影响力和破坏力。故此就目前来看，消防安全重点单位需立足当前发展实况，不断优化和完善消防监督制度。

（二）加强对人员的教育培训力度

人员作为消防安全重点单位生产和消防管理的主要实践者，自身安全意识的高低和管理能力的强弱，对于消防安全重点单位消防安全事故的控制力和处理能力具有决定性作用。但在现阶段消防安全重点单位规模化发展过程中，消防安全重点单位为满足国家相关部门对于人员配置的基本要求，在进行选拔时往往降低选拔标准，导致聘用人员自身能力和素养都与预期标准存在差距，长此以往消防安全管理工作的开展难以落实到位，消防安全事故的发生率也居高不下。就目前来看，为从根本上解决上述问题，消防安全重点单位需在不断提高人员选拔标准的基础上，建立一套适合消防安全重点单位长期发展的培训体系，当人员选拔工

作结束后对他们进行系统化、专业化培训，由此来全面提升他们的专业技能和职业素养水平[①]。

（三）完善安全疏散系统，制定科学合理的疏散道路

通过对大量调研数据进行分析可知，当消防安全事故发生后，安全通道就成为人们逃离火灾现场、保障生命财产安全的主要通道，因此从某方面而言，消防安全重点单位安全疏散通道设置是否合理，对于消防安全工作的开展具有重要意义，更在重要时刻起到了决定性作用。但目前来看，由于消防安全重点单位受传统发展理念和管理理念根深蒂固的影响，管理人员缺乏对"安全通道"重要性的高度认知，在生产过程中往往将产品堆积到安全通道处，不仅导致在火灾发生后救援工作难以有效开展，最主要是由于大部分产品属于易燃物，更增加了火灾事故的影响力和破坏力，因此在日常管理过程中，确保安全疏散系统管理工作的有效落实是十分重要的。除此之外，为能够使消防安全重点单位正常有序经营，降低财产损失和人员伤亡，消防安全重点单位还要制定科学合理的疏散道路，即相关人员要从消防安全重点单位的实际情况出发，通过综合考量消防安全重点单位的日常人流量，计算每个疏散口的距离和位置，确保道路制定的规范合理性，由此当消防安全重点单位发生火灾时，人们能够通过各个疏散通道迅速逃生。

（四）加强对消防智能化产品质量监管力度

在信息化产业时代背景下，科学技术的不断发展和广泛应用为各行各业的发展注入了新的动力，其中在消防安全管理中，智能化消防安全管理产品的使用，在提高消防安全管理工作质量的同时，对维持社会稳定也具有重要意义。就目前来看，为确保消防智能化产品应用效益的最大化发挥，消防安全重点单位需明确消防产品智能化质量监管的内容，确保各项管理工作的落实，具体而言就是——明确消防产品的质量标准，确保产品生产符合《中华人民共和国消防法》中的相关规定；明确消防产品市场准入制度，避免不合格产品流入市场；明确消防产品

---

① 石贤忠.消防安全重点单位监管的重点和难点[J].消防界（电子版），2020，6（23）：87-88.

的监督检查主体,确保质检部门、工商部门、公安机关消防机构责任与义务的有效落实。

简而言之,消防安全重点单位内部结构的复杂性导致消防监督管理面临着巨大挑战,故此为从根本上确保消防安全重点单位消防安全监督管理工作落实到位,消防安全重点单位不仅需要建立健全完善的监督管理机制、构建科学有效的培训体系,与此同时还要将保险机制引入智能化产品监管中,并确保各项监管工作落实到实处,由此将财产损失和人员伤亡控制在可控范围内。

第二节 消防安全重点部位管理

在一座城市、一个系统、一个行业或一个企业集团,有其消防安全重点单位,在一个重点单位也有重点和一般的区分;对一个普通单位来讲,也并非没有重点。我们在抓消防安全重点单位管理的同时,还应抓好重点部位的消防安全管理;在抓消防安全重点部位管理时,应首先抓好消防安全重点单位的重点部位,其次是抓好一般单位的重点部位。这就是说,抓了重点单位不能忘记抓一般单位,而抓一般单位应主要抓好重点防火部位。

一、消防安全重点部位的确定

根据发生火灾的危险性和发生火灾后的影响,下列部位应确定为消防安全重点部位。

(1)特容易发生火灾的部位。单位容易发生火灾的部位主要是指:生产企业的油罐区、储存易燃易爆危险品的仓库、生产工艺流程中易出现险情的部位等火灾危险性较大,或发生火灾危害性大的部位。例如,化工生产设备间、化验室、油库、化学危险品库,可燃液体、气体和氧化性气体的钢瓶、储罐库,液化石油气储配站、供应站,氧气站、乙炔站、煤气站、加油加气站,油漆、喷漆、烘烤、电气焊操作间、木工间、汽车库等。

(2)一旦发生火灾会影响全局的部位。单位内部与火灾扑救密切相关的配电房、消防控制室、消防水泵房、消防电梯机房等部位。如变配电所(室)、生产总控制室、电子计算机房、燃气（油）锅炉房、档案资料室、贵重仪器、设备间等。

（3）物资集中场所。贵重物品室、档案资料室、精密仪器室等部位。如各种库房、露天堆场，使用或存放先进技术设备的实验室、车间、储藏室等。

（4）人员密集场所。人员聚集的厅、室、疏散通道、舞台等部位，以及发生火灾后影响人员安全疏散的部位等。如礼堂（俱乐部、文化宫）、托儿所、幼儿园、集体宿舍、医院病房等。

具备上述特征的部位都与单位的消防安全密切相关，必须采取严格的措施加强管理，确保消防安全。单位要结合实际将容易发生火灾的部位确定为消防安全的重点部位进行管理[①]。

二、消防安全重点部位管理的基本措施

（1）对消防安全重点部位的管理，单位领导和安全保卫部门以及技术人员，应当从单位的实际出发，共同研究和确定，并填写重点部位情况登记表，存入消防档案，并报上级主管部门备案。

（2）重点部位应有责任明确的防火责任制，建立必要的消防安全规章制度，任用政治可靠、责任心强、业务技术熟练、懂得消防安全知识、身体健壮的人员负责消防安全工作。

（3）要采取领导干部、工程技术人员和工人三结合的方法，具体研究和分析重点部位的火灾危险因素，确定危险点和控制点，落实火灾预防措施。

（4）对重点部位的重点工种人员，应进行消防安全知识的"应知应会"教育和防火安全技术培训。

（5）对消防安全重点部位的管理，要做到定点、定人、定措施，并根据场所的危险程度，采用自动报警、自动灭火、自动监控等消防技术设施。

---

①张建国.室内火灾风险评估确定消防安全重点部位[J].低温建筑技术，2015，37（10）：31-33.

（6）随着企业的改革与技术革新和工艺条件、原料、产品的变更等客观情况的变化，重点部位的火灾危险程度和对全局的影响也会因之发生变化，所以，对重点部位也应及时进行调整和补充，防止失控漏管。

第三节　消防安全重点工种管理

火灾事故的发生，从表面来看，似乎只是与直接责任人有关，但如果做进一步的深入分析就可发现，直接原因是另外一些原因的结果，这其中就包含着管理方面的原因。由于操作人员的麻痹不慎或缺乏必要的知识，特别是在生产、储存操作中使用燃烧性能不同的物质和产生可导致火灾的各种着火源等，如果操作者违反了安全操作规程或不掌握安全防范事故的办法，常会导致火灾事故发生。加强对此类岗位操作工人和管理人员的消防安全管理，是防止和减少火灾的重要措施。

一、消防安全重点工种的分类和火灾危险性特点

（一）消防安全重点工种的分类

消防安全重点工种根据不同岗位的火灾危险性程度和岗位的火灾危险特点，可大致分为以下三级。

（1）A级工种。是指引起火灾的危险性极大，在操作中稍有不慎或违反操作规程极易引起火灾事故的岗位。例如：可燃气体、液体设备的焊接、切割，超过液体自燃点的熬炼，使用易燃溶剂的机件清洗、油漆喷涂，液化石油气、乙炔气的灌瓶，高温、高压、真空等易燃易爆设备的操作等岗位均属此类工种。

（2）B级工种。是指引起火灾的危险性较大，在操作过程中不慎或违反操作规程容易引起火灾事故的岗位。例如，普通的烘烤、熬炼、热处理，氧气、压缩空气等乙类危险品仓库保管等岗位均属此类工种。

（3）C级工种。是指在操作过程中不慎或违反操作规程有可能造成火灾事故的岗位。例如，电工、木工、丙类仓库保管等岗位均属此类工种。

（二）消防安全重点工种的火灾危险性特点

消防安全重点工种的火灾危险性主要有以下特点。

（1）所使用的原料或生产的对象具有很大的火灾危险性。如乙炔、氢气生产，盐酸的合成，硝酸的氧化制取，乙烯、氯乙烯、丙烯的聚合等。这些生产岗位火灾危险性大，安全技术复杂，操作规程要求严格，一旦出现事故，将会造成不堪设想的后果。

（2）工作岗位分散，人员少，操作时间、地点灵活性大，哪里需要就到哪里去，什么时间需要就在什么时间进行，工作环境和条件一般都比较复杂，且由于岗位人手少，不利于迅速扑灭初起火灾。如电工、焊工、切割工、木工等都属于操作时间、地点不定、灵活性较大的工种，仓库保管的取货时间也是不固定的，这些岗位都是火灾发生概率比较大的工种[1]。

二、消防安全重点工种人员的消防安全管理

由于重点工种岗位具有较大的火灾危险性，因此，根据其工种岗位特点进行管理，是搞好消防安全工作的重要环节。重点工种人员既是宣传教育的重点对象，又是消防安全工作的依靠力量，对其管理应侧重以下两个方面。

（一）提高专业素质和消防安全素质

重点工种人员上岗前，要对其进行专业培训，使其全面熟悉岗位操作规程，系统地掌握消防安全知识，通晓岗位消防安全的"应知应会"内容。为达到这个要求，可采取以下管理办法。

1.实行持证上岗制度

对操作复杂、技术要求高、火灾危险性大的岗位作业人员，企业生产和技

---

[1] 苏向明.关于消防行业特有工种职业技能鉴定的一些思考[J].中国消防，2012（15）：20-24.

术部门应组织他们实习和进行技术培训,经考试合格后方能上岗。电气焊工、电工、锅炉工、热处理等工种,要经考试合格取得操作证后才能上岗。平时对重点工种作业人员要进行定期考核、抽查或复试,对持证上岗的人员可建立发证与吊销证件相结合的制度。

2.建立重点工种人员档案

为加强重点工种队伍的建设,提高重点工种人员的安全作业水平,应建立重点工种人员的个人档案,其内容既应有人事方面的,又应有安全技术方面的。对重点工种人员的人事概况以及事故等方面的记载,是对重点工种人员进行全面、历史的了解和考查的一种重要管理方法。这种档案有助于对重点工种的评价、选用和有针对性地再培训,有利于不断提高他们的业务素质。要充分发挥档案的作用,作为考查、评价、选用、撤换重点工种人员的基本依据;档案记载的内容,必须有严格的手续。安全管理人员可通过档案分析和研究重点工种人员的状况,为改进管理工作提供依据。

3.抓好重点工种人员的日常管理

要定期组织重点工种人员的技术培训和消防知识学习,并制订切实可行的学习、训练和考核计划,研究和掌握重点工种人员的心理状态和不良行为,帮助他们克服吸烟、酗酒、上班串岗、闲聊等不良习惯,不断改善重点工种的工作环境和条件,并将改善工作环境的工作纳入企业规划。

(二)制定和落实岗位消防安全责任制度

建立重点工种岗位责任制是企业消防安全管理的一项重要内容,也是企业责任制度的组成部分。建立岗位责任制的目的是使每个重点工种岗位的人员都有明确的职责,建立起合理、有效、文明、安全的生产和工作秩序,消除无人负责的现象。重点工种岗位责任制要同经济责任制相结合,并与奖惩制度挂钩,有奖、有惩,以使重点工种人员更加自觉地担负起岗位消防安全的责任。

三、常见重点工种岗位人员的防火管理

（一）电焊工

（1）焊工未经学习和考核，无操作证，不能进行焊接和焊割作业；在非专门电、气焊操作场地进行作业，必须按动火审批制度的规定办理动火作业许可证。

（2）各种焊机应在规定的电压下使用，电焊前应检查焊机的电源线的绝缘是否良好，焊机应避雨雪、潮湿，放置在干燥处。

（3）焊机、导线、焊钳等接点应采用螺栓或螺母拧接牢固；焊机二次线路及外壳必须接地良好，接地电阻不小于$1M\Omega$。

（4）开启电开关时要一次推到位，然后开启电焊机；停机时先关焊机再关电源开关；移动焊机时应先停机断电。焊接中突然停电，应立即关好电焊机；焊条头不得乱扔，应放在指定的安全地点。

（5）电弧切割或焊接有色金属及表面涂有油品等物件时，作业区环境应良好，人要在上风处。

（6）作业中注意检查电焊机及调节器，温度超过60℃应冷却。发现故障、电线破损、熔丝一再烧断应停机维护，电焊时的二次电压不得偏离60~80V。

（7）盛装过易燃液体或气体的设备，未经彻底清洗和分析，不得动焊；有压的管道、气瓶（罐、槽）不得带压进行焊接作业；焊接管道和设备时，必须采取防火安全措施。

（8）对靠近木板墙、天棚、木地板以及通过板条抹灰墙时的管道等金属构件，不得在没有采取防火安全措施的情况下进行焊割和焊接作业。

（9）电气焊作业现场周围的可燃物以及高空作业时地面上的可燃物必须清理干净，或者施行防火保护；在有火灾危险的场所进行焊接作业时，现场应有专人监护，并配备一定数量的应急灭火器材。

（10）需要焊接输送汽油、原油等易燃液体的管道时，通常必须拆卸下来，

经过清洗处理后才可进行作业；没有绝对安全措施，不得带液焊接。

（11）焊接作业完毕，应检查现场，确认没有遗留火种后，方可离开。

（二）电工

电工是指从事电气、防雷、防静电设施的设计、安装、施工、维护、测试等人员。电气从业人员素质的高低与电气火灾密切相关，故必须是经过消防安全培训合格后持证上岗的正式人员，这是抓好电气防火管理的重要环节。

1.实行持证上岗制度

根据《消防法》第二十一条第二款关于进行电焊、气焊等具有火灾危险作业的人员，必须持证上岗，并遵守消防安全操作规程的规定。电气从业人员也必须是经过消防安全培训合格后持证上岗的正式人员。无证不得上岗操作，不能进行作业。

2.建立健全电气安全操作规程

企事业单位及其主管部门，应加强电气防火管理，建立电气安全岗位责任制，明确各级电气安全管理负责人，建立、健全电气安全操作规程。所有从业人员都必须学习、掌握这些操作规程。

3.建立电气防火档案

电气防火安全档案要有完整的内容，包括：领导小组、电工小组成员名单、电气图纸，电工分片专责区，电气隐患部位，电气要害部位，爆炸和火灾危险部位等。对重要的电气设备，要分类编码登记立卡；电气防火档案要有专门部门保管。

4.加强电工的技术培训

定期举办电工培训班，学习基本知识、安装规程和电气设备的使用与管理，解决安全技术方面的难题，不断提高他们的技术、业务水平和安全管理水平。单位所有的电工必须经过考试取得电工证后方能从事电气工作，严禁无证电工、非电工人员作业，学徒工在作业时需在有证电工的监护下进行。

5.严格按操作规程操作

（1）电工人员必须严格按照电气操作规程操作，并定期和不定期地对单位的电源部分、线路部分、用电部分及防雷和防静电情况等进行检查，发现问题，及时处理，防止各种电气火源的形成。工作时间不准脱离岗位，不准从事与本岗位无关的工作，并严格交接班手续。

（2）增设电气设备、架设临时线路时，必须经有关部门批准；各种电气设备和线路不许超过安全负荷，发现异常应及时处理；敷设线路时，不准用钉子代替绝缘子，通过木质房梁、木柱或铁架子时要用磁套管，通过地下或砖墙时要用铁管保护，改装或移装工程时要彻底拆除线路。

（3）电开关箱要用铁皮包镶，其周围及箱内要保持清洁，附近和下面不准堆放可燃物品；保险装置要根据电气设备容量大小选用，不得使用不合格的保险装置或保险丝（片）；变配电所（室）和电源线路要经常检查，做好设备运行记录，室内不得堆放可燃杂物。

（4）电气线路和设备着火时，应先切断电源，然后用干粉或二氧化碳等不导电的灭火器扑救。

（三）气焊工

（1）检查乙炔、氧气瓶、橡胶软管接头、阀门等可能泄漏的部位是否良好，焊炬上有无油垢，焊（割）炬的射吸能力如何。

（2）氧气瓶、乙炔气瓶应分开放置，间距不得少于5m。作业点宜备清水，以备及时冷却焊嘴。

（3）使用的胶管应为经耐压实验合格的产品，不得使用代用品、变质、老化、脆裂、漏气和沾有油污的胶管，发生回火倒燃应更换胶管，可燃气体和氧气胶管不得混用。

（4）当气焊（割）炬由于高温发生炸鸣时，必须立即关闭乙炔供气阀，将焊（割）炬放入水中冷却，同时应关闭氧气阀。

（5）焊（割）炬点火前，应用氧气吹风，检查有无风压及堵塞、漏气现象。

（6）对于射吸式焊割炬，点火时应先微开焊炬上的氧气阀，再开启乙炔气阀，然后点燃调节火焰。

（7）使用乙炔切割机时，应先开乙炔气，再开氧气；使用氢气切割机时，应先开氢气，后开氧气，此顺序不可颠倒。

（8）作业中当乙炔管发生脱落、破裂、着火时，应先将焊机或割炬的火焰熄灭，然后停止供气。

（9）当氧气管着火时，应立即关闭氧气瓶阀，停止供氧，禁止用弯折的方法断气灭火。

（10）进入容器内焊割时，点火和熄灭均应在容器外进行。

（11）熄灭火焰、焊炬，应先关乙炔气阀，再关氧气阀；割炬应先关氧气阀，再关乙炔及氧气阀门。

（12）当发生回火，胶管或回火防止器上喷火，应迅速关闭焊炬或割炬上的氧气阀和乙炔气阀，再关上一级氧气阀和乙炔气阀门，然后采取灭火措施。

（13）橡胶软管和高热管道及高热体、电源线隔离，不得重压。

（14）气管和电焊用的电源导线不得敷设、缠绕在一起。

（四）仓库保管员

（1）保管员必须坚守岗位，尽职尽责，严格遵守仓库的入库、保管、出库、交接班等各项制度，不得在库房内吸烟和使用明火，对外来人员要严格监督，防止将火种和易燃品带入库内；进入储存易燃易爆危险品库房的人员不得穿戴钉鞋和化纤衣服，搬动物品时要防止摩擦和碰撞，不得使用能产生火星的工具。

（2）应熟悉和掌握所存物品的性质，并根据物资的性质进行储存和操作；不准超量储存；堆垛应留有主要通道和检查堆垛的通道，垛与垛和垛与墙、柱、屋架之间应符合公安部《仓库防火安全管理规定》规定的防火间距。

（3）易燃易爆危险品要按类、项标准和特性分类存放，贵重物品要与其他材料隔离存放，遇水或受潮能发生化学反应的物品，不得露天存放或存放在低洼易受潮的地方；遇热易分解自燃的物品，应储存在阴凉通风的库房内。

（4）对爆炸品、剧毒品，要执行双人保管、双本账册、双把门锁、双人领发、双人使用的"五双"制度。

（5）库房内经常检查物品堆垛、包装，发现洒漏、包装损坏等情况时应及时处理，并按时打开门窗或通风设备进行通风；下班前，应仔细检查库房内外，拉闸断电，关好门窗，上好门锁。

（6）应熟悉、会用库内的灭火器材、设施，并注意维护保养，使其完整好用。

（五）消防控制室操作人员

（1）消防控制室的日常管理应符合《建筑消防设施的维护管理》（GA587）的有关要求，确保火灾自动报警系统和灭火系统处于正常工作状态。消防控制室必须实行每日24h专人值班制度，每班不应少于2人。

（2）熟知本单位火灾自动报警和联动灭火系统的工作原理，各主要部件、设备的性能、参数及各种控制设备的组成和功能；熟知各种报警信号的作用，熟悉各主要设备的位置，能够熟练操作消防控制设备，遇有火情能正确处置火灾自动报警及灭火联动系统。

（3）认真执行交接班制度，每次接班都要对各系统进行巡检，看有无故障或问题存在，并及时排除；交班时，对存在的问题要认真向接班人员交代并及时处置，难以处理的问题要及时报告领导解决；值班期间必须坚守岗位，不得擅离职守。不准饮酒，不准睡觉。

(4)应确保火灾自动报警系统和灭火系统处于正常工作状态。确保高位消防水箱、消防水池、气压水罐等消防储水设施水量充足;确保消防泵出水管阀门、自动喷水灭火系统管道上的阀门常开;确保消防水泵、防排烟风机、防火卷帘等消防用电设备的配电柜开关处于自动(接通)位置。

(5)接到火灾警报后,必须立即以最快方式确认。火灾确认后,必须立即将火灾报警联动控制开关转入自动状态(处于自动状态的除外),同时拨打"119"火警电话报警,并立即启动单位内部灭火和应急疏散预案,并应同时报告单位负责人。

第四节 重大危险源的管理

一、重大危险源的概念及其分类

(一)重大危险源的概念

重大危险源,是指生产、储存、运输、使用危险品或者处置废弃危险品,且危险品的数量等于或者超过临界量的单元(包括场所和设施)。

(二)重大危险源的分类

重大危险源按照工艺条件情况,分为生产区重大危险源和储存区重大危险源两种。其中,单元是指一个(套)生产装置、设施或场所,或同属一个工厂的边缘距离小于500m的几个(套)生产装置、设施或场所。临界量是指国家标准规定的某种或某类危险品在生产场所或储存区内不允许达到或超过的最高限量。由于储存区重大危险源工艺条件较为稳定,所以临界量的数值较大[①]。

---

① 李冬梅.重大危险源分析、辨识与危险性评估的研究[D].天津:天津理工大学,2009:18.

二、重大危险源的安全管理措施

（一）与重要保护场所必须保持规定的安全距离

重大危险源也是重大能量源，为了预防重大危险源发生事故，必须对重大危险源进行有效的控制。对于危险品的生产装置和储存数量构成重大危险源的储存设施，除运输工具、加油站、加气站外，与下列场所、区域的距离必须符合国家标准或者国家有关规定：

（1）居民区、商业中心、公园等人口密集区域。

（2）学校、医院、影剧院、体育场（馆）等公共设施。

（3）供水水源、水厂及水源保护区。

（4）车站、码头（按照国家规定，经批准，专门从事危险品装卸作业的除外）、机场以及公路、铁路、水路交通干线、地铁风亭及出入口。

（5）基本农田保护区、畜牧区、渔业水域和种子、种畜、水产苗种生产基地。

（6）河流、湖泊、风景名胜区和自然保护区。

（7）军事禁区、军事管理区。

（8）法律、行政法规规定予以保护的其他区域。

（二）不符合规定的改正措施

对已建的危险品生产装置和储存数量构成重大危险源的储存设施不符合规定的，应当由所在地设区的市级人民政府负责危险品安全监督综合管理工作的部门监督其在规定期限内进行整顿；需要转产、停产、搬迁、关闭的，应当报本级人民政府批准后实施。

第五节　易燃易爆设备防火管理

一、概述

现代化企业的生产主要借助大量的现代化的机器设备。而在现代化的机器设备中，大多又是易燃易爆设备，因此易燃易爆设备管理如何，会直接影响企业的消防安全，且随着企业机械化和自动化水平的不断提高，易燃易爆设备对企业消防安全的影响会越来越大。加强易燃易爆设备的管理是企业消防安全管理的一个重点。

易燃易爆设备的管理，主要包括设备的选购、进厂验收、安装调试、使用维护、修理改造以及更新等，其基本要求是合理地选择、正确地使用、安全地操作、经常维护保养、及时更换及维修，通过设备管理制度和技术、经济以及组织等措施的落实，达到经济合理和安全生产的目的。

二、易燃易爆设备的分类

易燃易爆设备按其使用性能分为以下四类。

（1）化工反应设备如反应罐、反应釜、反应塔及其管线等。

（2）可燃、氧化性气体的储罐、钢瓶及其管线，如氧气罐、氢气罐、液化石油气储罐及其钢瓶、乙炔瓶、氧气瓶以及煤气柜等。

（3）可燃的、强氧化性的液体储罐及其管线，如油罐、酒精罐、苯罐、过氧化氢罐、二硫化碳罐、硝酸罐以及过氧化二苯甲酰罐等。

（4）易燃易爆物料的化工单元操作设备，如易燃易爆物料的输送、蒸馏、加热、冷却、干燥、冷凝、粉碎、混合、熔融、筛分、过滤以及热处理设备等。

三、易燃易爆设备的火灾危险特点

（一）生产装置、设备日趋大型化

为获得更好的经济效益，工业企业的生产装置、设备正朝着大型化的方向发展。如生产聚乙烯的聚合釜已由普遍采用的7~13.5m³/台发展到了100m³/台，而且已制造出了直径12m以上的精馏塔和直径15m的填料吸收塔，塔高达100余米。石油化工企业配装的高压离心机的最大流量达210000m³/h。生产设备的处理量增大也使储存设备的规模相应加大，我国50000t以上的油罐已有十余座。由于这些设备所加工储存的都是易燃易爆的物料，所以规模的大型化，也使设备的火灾危险性加大。

（二）生产和储存过程中承受高温高压

为了提高设备的单机效率和产品回收率，获得更佳的经济效益，许多工艺过程都采用了高温、高压、高真空等手段，使设备的操作要求更为严格、困难，同时增大了火灾危险性。如以石脑油为原料的乙烯装置，其高温稀释蒸气裂解法的蒸气温度为1000℃，加氢裂化的温度也在800℃以上；以轻油为原料的大型合成氨装置，其一段、二段转化炉的管壁温度在900℃以上，普通的氨合成塔的压力为32MPa，合成酒精、尿素的压力都在10MPa以上；高压聚乙烯装置的反应压力达275MPa等。这些高温高压的反应设备使物料的自燃点降低，爆炸范围变宽，而且对设备的强度提出了更高要求，操作中一有闪失，便会有对全厂造成毁灭性破坏的危险。

（三）生产和储存过程中易产生跑冒滴漏

由于多数易燃易爆设备都承受高温、高压，很容易造成设备疲劳、强度降低，加之多与管线连接，连接处很容易发生跑冒滴漏；而且由于有些操作温度超过了物料的自燃点，一旦跑漏便会着火。再加之生产的连续性强，一处失火就会影响整个生产。还由于有的物料具有腐蚀性，设备易被腐蚀而使强度降低，或造成跑冒滴漏，这些又增加了设备的火灾危险性①。

四、易燃易爆设备使用的消防安全要求

（一）合理配备设备

要根据企业生产的特点、工艺过程和消防安全要求，选配安全性能符合规定要求的设备，设备的材质、耐腐蚀性、焊接工艺及其强度等，应能保证其整体强度，设备的消防安全附件，如压力表、温度计、安全阀、阻火器、紧急切断阀、过流阀等应齐全合格。

（二）严把试车关

易燃易爆设备启动时，要严格试车程序，详细观察和记录各项试车数据，各项安全性能要达到规定指标。试车启用过程要有安全技术和消防管理部门共同参加。

（三）配备与设备相适应的操作人员

对易燃易爆设备应确定具有一定专业技能的人员操作。操作人员在上岗前要进行严格的消防安全教育和操作技能训练，并经考试合格才可允许独立操作。设备的操作应做到"三好、四会"，即管好设备、用好设备、修好设备和会保养、会检查、会排除故障、会应急灭火和逃生。

（四）涂以明显的颜色标记

易燃易爆设备应当有明显的颜色标记，给人以醒目的警示，并要悬挂醒目的易燃易爆设备等级标签，以便检查管理。

---

①卫水爱.易燃易爆场所的静电防护[J].中国个体防护装备，2013（03）：52-56.

（五）为设备创造较好的工作环境

易燃易爆设备的工作环境，对安全工作有较大的影响。如环境温度较高，会影响设备内气、液物料的蒸气压；如环境潮湿，会加快设备的腐蚀，甚至影响设备的机械强度。对使用易燃易爆设备的场所，要严格控制温度、湿度、灰尘、震动、腐蚀等条件。

（六）严格操作规程

正确操作设备的每一个开关、阀门，是易燃易爆设备消防安全管理的一个重要环节。在工业生产中，如若颠倒了投料次序，错开了一个开关或阀门，往往要酿成重大事故。操作工人必须严格操作规程，严格把握投料和开关程序，每一道阀门和开关都应有醒目的标记、编号和高压、中压或低压的说明。

（七）保证双路供电，备有手动操作机构

对易燃易爆设备，要有保证其安全运行的双路供电措施。对自动化程度较高的设备，还应备有手动操作机构。设备上的各种安全仪表，都必须反应灵敏、动作准确无误。

（八）严格交接班制度

为保证设备安全使用，要下班的人员要把当班的设备运转情况全面、准确地向接班人员交代清楚，并认真填写交接班记录。接班的人员要做上岗前的全面检查，并在记录上认真登记，以使在班的操作人员对设备的运行情况有比较清楚的了解，对设备状况做到胸有数。

（九）坚持例行设备保养制度

操作工人每天要对设备进行维护保养，其主要内容包括：班前、班后检查，设备各个部位的擦拭，班中认真观察听诊设备运转情况，及时排除故障等，不得使设备带病运行。

（十）建立设备档案

建立易燃易爆设备档案，目的是及时掌握设备的运行情况，加强对设备的管理。易燃易爆设备档案的内容主要包括：性能、生产厂家、使用范围、使用时间、事故记录、修理记录、维护人、操作人、操作要求、应急方法等。

五、易燃易爆设备的安全检查

易燃易爆设备的安全检查，是指对设备的运行情况、密封情况、受压情况、仪表灵敏度、各零部件的磨损情况和开关、阀门的完好情况等进行检查。

（一）设备安全检查的分类

易燃易爆设备的安全检查，按时间可以分为日检查、周检查、月检查、年检查等几种；从技术上来讲，还可以分为机能性检查和规程性检查两种。

（1）日检查。它是指操作工人在交接班时进行的检查。此种检查一般都由操作工人自己进行。

（2）周检查和月检查。它是指班组或车间、工段的负责人按周或月的安排进行的检查。

（3）年检查。它是指由厂部组织的全厂或全公司的易燃易爆设备检查。年检查应成立专门检查组织，由设备、技术、安全保卫部门联合组成，时间一般安排在本厂、公司生产或经营的淡季。在年检时，要编制检查标准书，确定检查项目。

（二）易燃易爆设备检查的要求

（1）进行动态检查。易燃易爆设备的检查，发展的方向是在设备运转的条件下进行动态检查。这样可以及时、准确地预报设备的劣化趋势、安全运转状况，为提出修理意见提供依据。

（2）合理确定检查周期。合理地确定易燃易爆设备的检查周期，是一个不可忽视的问题。因为周期过长达不到预防的目的；周期过短会在经济上造成浪费，对生产造成影响。确定检查周期应先根据设备制造厂的说明书和使用说明书中的说明，听取操作工、维修工和生产部门的意见，初步暂定一个周期。再根据维修记录中所记的曾发生的故障，并参考外厂的经验，对暂定检查周期进行修改，然后再根据维修记录所表示的性能和可能发生的着火或爆炸事故来最后确定。

六、易燃易爆设备的检修

易燃易爆设备在使用一定时间后，会因物料的腐蚀性和膨胀性而使设备出现裂纹、变形或焊缝、受压元件、安全附件等出现泄漏现象，如果不及时检查修复，就有可能发生着火或爆炸事故。对易燃易爆设备要定期进行检修，及时发现和消除事故隐患。

（一）设备检修的分类及内容

设备检修的目的主要是恢复功能部分和防火防爆部分的作用，保证安全生产。设备检修按每次检修内容的多少和时间的长短，分为小修、中修和大修三种。

（1）小修。是指只对设备的外观表面进行的检修。一般设备的小修一年进行一次。检修的主要内容包括：设备的外表面有无裂纹、变形、局部过热等现象，防腐层、保温层及设备的铭牌是否完好，设备的焊缝、连接管、受压元件等有无泄漏，紧固螺栓是否完好，基础有无下沉、倾斜等异常现象和设备的各种安全附件是否齐全、灵敏、可靠等。

（2）中修。是指设备的中、外部检修。中修一般三年进行一次，但对使用期已达15年的设备应每隔2年中修一次，对使用期超过20年的设备每隔一年中修一次。中修的内容除外部检修的全部内容外，还应对设备的外表面、开孔接管处有无介质腐蚀或冲刷磨损等现象和对设备的所有焊缝、封头过渡区和其他应力集中的部位有无断裂或裂纹等进行检查。对有怀疑的部位应采用10倍放大镜检查或采用磁粉、着色进行表面探伤。如发现设备表面有裂纹时，还应采用超声波或X

光射线进一步抽查焊缝的20%。如未发现有裂纹，对制造时只做局部无损探伤检验的设备，仍应进一步做<20%但<10%的适量抽检。

设备的内壁如由于温度、压力、介质腐蚀作用，有可能引起金属材料的金相组织或连续性破坏时（如脱炭、应力腐蚀、晶体腐蚀、疲劳裂纹等），还应进行金相检验和表面硬度测定，并做出检验报告。

在对设备的筒体、封头等通过上述检验后，如发现设备的内外壁表面有腐蚀现象时，应对怀疑部位进行多处壁厚测量。当测量的壁厚小于最小允许壁厚时，应重新进行强度核算，并提出可否继续使用的建议和许用最高压力。

（3）大修。是指对设备的内外进行全面的检修。大修应由技术总负责人批准，并报上级主管部门备案。大修的周期至少6年进行一次。大修的内容，除进行中修的全部内容外，还应对设备的主要焊缝（或壳体）进行无损探伤抽查。抽查长度为设备（或壳体面积）焊缝总长的20%。

易燃易爆设备大修合格后，应严格进行水压试验和气密性试验。在正式投入使用之前，还应进行惰性气体置换或抽真空处理。

（二）设备的检修方法

易燃易爆设备的检修方法，通常采取拆卸法、隔离法和浸水法几种。

（1）拆卸法。就是把要检修的部件拆卸下来，搬移到非生产区或禁火区之外的地点进行检修。此种方法的优点：一是可以减少在禁火区内检修时采取的一些复杂的防火安全措施；二是可以维持连续生产，减少停工待产的时间；三是便于施工和检修人员操作。

（2）隔离法。就是将要检修的生产工段或设备和与其相联系的工段、设备，以及检修的容器与管线之间，采取严格的隔离防护措施进行隔离，切断检修设备与周围设备管线之间的联系，直接在原设备上进行检修的方法。隔离的措施，通常采取盲板封堵和搭围帆布架用水喷淋的方法。

（3）浸水法。就是将要检修的容器盛满水，消除容器空间内的空气（氧气）后进行动火检修的方法。此种方法主要是对那些盛装过可燃气体、液体和氧化性气体的容器设备在需要动火检修时使用。

七、易燃易爆设备的更新

当易燃易爆设备的壁厚小于最小允许壁厚，强度核算不能满足最高许用压力时，就应考虑设备的更新问题。

衡量易燃易爆设备是否需要更新，主要看两个性能：一是机械性能；二是安全可靠性能。机械性能和安全可靠性能是不可分割的，安全性能的好坏依赖于机械性能。易燃易爆设备的机械性能和安全可靠性能低于消防安全规定的要求时，应立即更新。

更新设备应考虑两个问题，一是经济性，就是在保证消防安全的基础上花最少的钱；二是先进性，就是替换的新设备防火防爆安全性能应当先进、可靠。

第五章　消防安全管理的基本方法

第一节　分级负责法

分级负责是指某项工作任务，单位或机关、部门之间，纵向层层负责，一级对一级负责，横向分工把关，分线负责，从而形成纵向到底，横向到边，纵横交错的严密的工作网络的一种工作方法。该方法在消防安全管理的工作实践中，主要有以下两种。

一、分级管理

消防监督管理工作中的分级管理，是指对各个社会单位和居民的消防安全工作在公安机关内部根据行政辖区的管理范围、权限等，按照市公安局、县（区）公安（分）局和公安派出所分级进行管理。这种管理方法，一般按照所辖单位的行政隶属关系及保卫关系进行划分。中央和省所属的（企业）单位的消防安全工作亦由所在地的市、县公安机关分级进行管理。这样，市公安局、区（县）公安分局和公安派出所各级的管理作用能够充分发挥，使消防监督工作在各级公安机关内部的行政管理上，能够做到与其他治安工作同计划、同布置、同检查、同总结、同评比。使消防监督工作在公安机关内部形成一种上、下、左、右层层管理，层层负责的较严密的管理网络，使整个社会的消防安全工作，上至大的机关、厂矿、企业，下至农村和城市居民社区，都能得到有效的监督管理，从而督促各种消防安全制度和措施层层得以落实，达到有效预防火灾和保障社会消防安全的目的。为此，各区、县公安（分）局和公安派出所的领导同志，应当把消防监督工作作为一项重要任务抓紧抓好；市级公安机关消防机构要加强对区、县消防科、股的业务领导，及时帮助解决工作中的疑难问题，并在违章建筑的督察，街道居民社区，企业和商业摊点、集贸市场的消防监督上充分发挥分局和派出所的作用，真正使市局、分局和公安派出所各级都负起责任来[①]。

二、消防安全责任制

所谓消防安全责任制就是，政府、政府部门、社会单位、公民个人都要按照自己的法定职责行事，一级对一级负责。对机关、团体、企事业单位的消防工作而言，就是单位的法定代表人要对本单位的消防安全负责，法定代表人授权某项工作的领导人，要对自己主管内的消防安全负责，其实质就是逐级防火责任制。《消防法》第二条规定，消防工作按照"政府统一领导、部门依法监管、单位全面负责、公民积极参与"的原则，实行消防安全责任制。这就使消防安全责任制更具有法律依据。如我们现在实行的省政府分管领导与各市分管领导，各市分管领导与区县分管领导，各区、县分管领导与各乡、镇分管领导层层签订消防安全责任状等，都是消防安全责任制的具体运用。

在实施消防安全管理的具体实践中，我们一定要遵循实行消防安全责任制的原则，充分调动机关、团体、企业、事业单位各级负责人的积极性，让他们把消防工作作为自己分内的工作抓紧抓好，并把本单位消防工作的好坏，作为评价其实绩的一项主要内容。要让单位的消防安全管理部门充分认识到，自己是单位的一个职能部门，是单位行政领导人的助手、参谋，摆正本部门与单位所属分厂、公司、工段、车间及其他部门的关系，将消防工作由保卫部门直接管理转变为间接督促检查和推动指导，把具体的消防安全工作交由下属单位的法定代表人去领导、去管理，用主要精力指导本单位的下属单位、部门，制定消防规章制度和措施，加强薄弱环节，深化工作层次，解决共性和疑难问题等。

公安机关消防机构应正确认识消防安全管理与消防监督管理两者之间的关系，扭转消防监督员包单位的做法，切实抓好自身建设。强化火灾原因调查和

---

① 赵志武.消防安全管理现状与消防监督管理模式创新[J].科技资讯，2017，15（26）：65-66.

强化对火灾肇事者和违章肇事者的处理工作，强化建设工程防火审核的范围和层次，加强对易燃易爆危险品生产、储存、运输、销售和包装的监督管理，坚决废除火灾指标承包制，并切实提高消防监督人员的管理能力和执法水平，不要去大包大揽本是企业单位应该干的工作，真正使消防安全工作形成一个政府统一领导、部门依法监管、单位全面负责、公民积极参与的健全的社会化的消防工作网络。

第二节　重点管理法

重点管理法也就是抓主要矛盾的方法，是指在处理两个以上矛盾存在的事务时，用全力找出其主要的起着领导和决定作用的矛盾，从而抓住主要矛盾，化解其他矛盾，推动整个工作全面开展的一种工作方法。

由于消防安全工作是涉及各个机关、团体、工厂、矿山、学校等企事业单位和千家万户以及每个公民个人的工作，社会性很强，在开展消防安全管理中，也必须学会运用抓主要矛盾的领导艺术，从思维方法和工作方法上掌握抓主要矛盾的工作方法，以推动全社会消防安全工作的开展。

一、专项治理

专项治理就是针对一个大的地区性各项工作或一个单位的具体工作情况，从中找出主要起领导和决定作用的工作，即主要矛盾，作为一个时期或一段时间内的中心工作去抓的工作方法。这种工作方法若能运用得好，可以避免不分主次、眉毛胡子一把抓的局面，从而收到事半功倍的效果。

如某省或某市一个时期以来，公众聚集场所存在的火灾隐患比较多，火灾事故比较突出，且损失大、伤亡大，那么，这个省或市就可以把公众聚集场所的消防工作作为上半年或下半年或某一季度的中心工作去抓，进行专项治理。

又如，麦收季节是我国北方中原地区麦场火灾的突出季节，如果这一时期的麦场防火工作落实不好，农民一年的辛勤劳动成果就会付之一炬。所以，麦收防火工作在每年的三夏期间就是这个地区消防工作的中心工作。

通过消防工作专项治理的实践，全国各地都有很多经验，但在实践中也有一些需要注意的问题。

（一）要注意时间性和地域性

消防安全工作的中心工作，不同的时期和不同的地区是不同的。在执行中不能把某地区或某时期的中心工作硬套在另一时期或另一地区。如麦收防火就河北省而言，保定以南地区6月是中心工作，而在张家口和承德地区就不一定是，因为这些地区气温较低，有的不种小麦，即使种植小麦6月也未到收割季节。所以，要注意专项治理内容的时间性和地域性，并贯彻条块结合、以块为主的原则。

（二）要保证专项治理的专一性

一个地区在一定的时间内只能有一个中心工作，不能有多个中心工作。也就是说，一个地区在一定时间内只能专项治理一个方面的工作，不能治理多个方面的工作，否则就不是专项治理。

（三）要注意专项治理时的综合治理

所谓综合治理，就是根据抓主要矛盾的原理，围绕中心工作协调抓好与之相关联的其他工作。因为火灾的发生是由多种因素构成的，如单位领导的重视程度、人们的消防安全意识、社会的政治情势等，哪一项工作没跟上或哪一个环节未搞好，都会成为火灾多发的原因。在对某项工作进行专项治理时，在治理的内容上要千方百计地出解决问题的主要矛盾和与之相联系的辅以第二位、第三位的其他矛盾。特别要注意和发现克服薄弱环节，统筹安排辅以第二位、第三位的工作，使各项工作协调发展，全面加强。

在对此类场所进行专项治理时，就应当把单位法定代表人的消防安全教育，消防安全责任制的落实放在首位进行治理，辅以强化建筑防火审核，加强建筑装修和施工队伍的管理,加强职工的消防安全教育和义务消防队伍的建设以及全社会公民消防常识的普及等,就应当把所有这些紧密联系起来,抓住中心,围绕中心,辅以与之相关联的第一位、第二位的工作,进行综合的治理,从而使专项治理工作健康发展,全面加强,抓出成效。

(四)应注意专项治理与综合治理的从属关系问题

如在对消防安全工作专项治理时存在着与之相关联的治安工作、生产安全等工作又是治安综合治理的一项重要内容;在对治安工作、生产安全工作等进行专项治理时,消防工作又是治安综合治理的一项重要内容,不可把二者孤立起来、割裂开来。

二、抓点带面

抓点带面就是领导决策机关,为了推动某项工作的开展,或完成某项工作任务,决策人员根据抓主要矛盾和调查研究的工作原理,带着要抓或推广的工作任务,深入实际,突破一点,取得经验(通常称为抓试点),然后利用这种经验去指导其他单位,进而考验和充实决策任务的内容,并把决策任务从面上推广开来的一种工作方法。这种工作方法既可以检验上级机关决策是否正确,又可以避免大的失误,还可以提高工作效率,以极小的代价取得最佳成绩。

消防安全工作,是社会性非常强的工作,对防火政令、消防措施的贯彻实施,大都宜采取以点带面的方法贯彻。如消防安全重点单位的管理方法、专职消防队伍的建立和措施的推广等,均宜采取抓点带面的方法。

抓点带面的方法通常有决策机关人员或领导干部深入基层,在工作实践中发现典型,着力培养和有目的的工作试点两种方法。推广典型的方法,通常有召开现场会推广,印发经验材料推广和召开经验交流会推广三种。如某省消防总队每年都召开一次全省消防工作会议,在会上总结上一年的工作,布置下一年的工作任务,同时将各地市总结的经验材料一起在会上交流,这样既总结了上一年的工作,又布置了新的工作。同时交流了各地的好经验,收到了较好的效果。但是,在抓典型时应注意以下几点。

（1）选择典型要准确、真实。培养典型不要拔苗助长，急于求成，要有计划、有安排，持之以恒地抓，典型树起来后就应一抓到底，树一个成熟一个，不能像黑熊掰玉米一样，掰一个、丢一个。

（2）对典型要关心、爱护、培养、帮助。切忌给"优惠""吃小灶"、搞锦上添花，切实使典型经验能在面上开花、结果。

三、消防安全重点管理方法

消防安全重点管理，是根据抓主要矛盾的工作原理，把在消防工作中的火灾危险性大、火灾发生后损失大、伤亡大、影响大，即对火灾的发生及火灾发生后的损失、伤亡、政治影响、社会影响等起主要的领导和决定作用的单位、部位、工种、人员和事项，作为消防安全管理的重点来抓，从而有效地防止火灾发生的一种管理方法。

无数火灾实例说明，一些单位发生火灾后，不仅会影响本单位的生产和经营，而且会影响一个系统、一个行业、一个企业集团，甚至影响一个地区人民群众的生活和社会的安定。如一个城市的供电系统或燃气供气系统发生火灾，就不单是企业本身的事故，它会严重影响其他单位的生产和城市人民的生活、社会的安定；有些厂的产品是全国许多厂家的原料或配件，这个厂如果发生火灾造成了停工停产，其影响会涉及全国的一个行业；如果其产品是出口产品，还会影响我们国家的声誉。另外，现在发展成立了很多具有一定规模的企业集团公司，他们都经营管理着很多甚至是跨地区的子公司等，其下属的消防重点单位一旦发生火灾，那么其整个集团公司的规模发展、经济效益及整个公司的形象和职工群众的安全都会受到影响。我们要把这些火灾危险性大和发生火灾后损失大、伤亡大、影响大的单位作为消防安全工作的重点去管理。消防安全重点单位的工作抓好了，也就等于抓住了消防工作的主动权。同时，消防安全重点单位的消防工作做好了，对其他单位的消防工作也会起一定的辐射作用。这样，不仅可以抓住消防工作的主要矛盾，而且可以起到抓纲带目、以点带面的作用。因为消防重点单位消防安全工作管理的好坏，往往会直接影响一个地区或一个城市人民的生产和生活，抓好了消防重点单位，也就抓住了消防工作的主要方面；同时，重点单位的消防工作做好了，对其他单位的消防安全工作就有一定的辐射作用。这

样,不仅抓住了消防安全工作的主要矛盾,还可以起到抓纲带目、抓点带面的作用。

第三节 调查研究法

调查研究既是领导者必备的基本素质之一,又是实施正确决策的基础。调查研究的方法是管理者能否管理成功最重要的工作方法。由于消防安全管理工作的社会性、专业性很强,所以在消防安全管理工作中调查研究方法的应用十分重要。加之目前社会主义市场经济的建立和发展,消防工做出现了很多新情况、新问题,为适应新形势,通过调查研究,研究新办法,探索新路子,也必须大兴调查研究之风,才能深入解决实际问题。

一、消防安全管理中运用的调查研究方法

在消防安全管理实际工作中,调查研究最直接的运用就是消防安全检查或消防监督检查,具体归纳起来大体有以下几种方法。

(一)普遍调查法

普遍调查法是指对某一范围内所有研究对象毫无遗漏地进行全面调查。如某市公安机关消防机构为了全面掌握"三资企业"的消防安全管理状况,他们组织调查小组对全市所属的所有"三资"企业逐个进行调查。通过调查发现该市"三资"企业存在的安全体制管理不顺,过分依赖保险、主观忽视消防安全等问题,并写出专题调查报告,上报下发,有力地促进了问题的解决。

(二)典型调查法

典型调查法是指在对被调查对象有初步了解的基础上,依据调查目的不同,有计划地选择一个或几个有代表性的单位进行详细调查,以期取得对对象的总体认识的一种调查方法。这种方法是认识客观事物共同本质的一种科学方

法，只要典型选择正确、材料收集方法得当，做出的措施，就会有普遍的指导意义。如某市消防支队根据流通领域的职能部门先后改为企业集团，企业性职能部门也迈出了政企分开的步伐的实际情况，及时选择典型，对部分市县（区）两级商业、物资、供销、粮食等部门进行了调查，发现其保卫机构、人员和保卫工作职能都发生了变化，为此，他们认真分析了这些变化给消防工作可能带来的有利和不利因素，及时提出了加强消防立法，加强专职消防队伍建设，加强消防重点单位管理和加强社会化消防工作的建议和措施。《人民消防报》还以《在变化中闯新路》为题刊登了这篇调查报告，引起了消防监督管理战线和有关方面的重视和关注。

（三）个案调查法

个案调查法就是把一个社会单位（一个人、一个企业、一个乡等）作为一个整体进行尽可能全面、完整、深入、细致地调查了解。这种调查方法属于集约性研究，探究的范围比较窄，但调查得深透，得到的资料也较为丰富。实质上这种调查方法，在消防安全管理工作中的火灾原因调查和具体深入某个企业单位进行专门的消防监督检查等都是最具体、最实际的运用。如在对一个企业单位进行消防监督检查时，可最直观地发现企业单位领导对消防安全工作的重视程度、职工的消防安全意识、消防制度的落实、消防组织建设和存在的火灾隐患、消防安全违法行为及整改落实情况等[1]。

（四）抽样调查法

抽样调查法就是指从被调查的对象中，依据一定的规则抽取部分样本进行调查，以期获得对有关问题的总的认识的一种方法。如《消防法》第十条、第十一条分别规定，按照国家工程建设消防技术标准需要进行消防设计的一般建设工程，建设单位应当自依法取得施工许可之日起七个工作日内，将消防设计文件报公安机关消防机构备案，公安机关消防机构应当进行抽查；一般建设工程竣工

---

[1] 肖文涛，郑恒峰，林辉.消防安全管理：当前形势与发展理路[J].中国行政管理，2010（12）：9-13.

后，建设单位在验收后应当报公安机关消防机构备案，公安机关消防机构应当进行抽查，经依法抽查不合格的，应当停止使用。这些都是具体运用抽样调查法的法律依据。

再如，对签订消防责任状这种工作措施的社会效果如何，不太清楚，某公安机关消防机构有重点地深入有关乡、镇、村和有关主管部门的重点单位开展调查研究，通过调查发现，消防责任状仅仅是促使人们做好消防工作的一种行政手段，不是万能的、永恒的措施，它往往受到各种条件的制约，不能发挥其应有的作用，更不能使消防工作社会化持之以恒地开展下去。针对这一情况，采取相应对策，克服其不利因素，使消防工作得到了健康的发展。

二、调查研究的要求

开展一次调查研究，实际上也就是进行了一次消防安全检查。我们不仅要注意调查方法，而且应注意调查时的技巧，否则也会影响调查的效果。

（1）要开调查会做讨论式调查，不能只凭一个人讲他的经验和方法，也不能只随便问一下子，不提出中心问题在会上讨论，因为这样难以得出近于正确的结论。

（2）要让能深切明了问题的有关人员参加调查会，并要注意年龄、知识结构和行业。

（3）开调查会应注意人的数量不宜过多，也不宜过少，但应至少3人，以防囿于见闻，使调查了解的内容，不符合真实情况。

（4）要事先准备好调查纲目。调查人要按照纲目问题，会众口说。对不明了的、有疑问的要提起辩论。

（5）要亲身出马。担负指导工作的人，一定要亲身从事实际调查，要自己做记录，不能单靠书面报告，不能假手于人。

（6）要深入、细致、全面。在调查工作中要能够深切地了解一处地方或一个问题。要认真、细致、全面，不可走马观花，如蜻蜓点水一般。

以上调查研究的技术不仅是在调查工作时应当注意，就是在进行消防安全检查时也是应当注意的。

第四节 "PDCA" 循环工作法

PDCA循环工作法就是领导或专门机关"将群众的意见（分散的不系统的意见）集中起来（经过研究，化为集中的系统的意见），又到群众中去做宣传解释，化为群众的意见，使群众坚持下去，见之于行动，并在群众行动中考验这些意见是否正确。然后再从群众中集中起来，再到群众中坚持下去，如此无限循环，一次比一次更正确、更生动、更丰富"的工作方法。

由于消防安全工作的专业性很强，故此工作方法在公安机关消防机构通常称为专门机关与群众相结合。如某省消防总队，每年年终或年初都要召开全省的消防（监督管理）工作会议，总结全省公安机关消防机构上一年的工作，布置下一年的工作计划。其间分期、分批、分内容、分重点地深入基层机构检查、了解工作计划的贯彻落实情况，及时检查指导工作和发现并纠正工作计划的不足或存在的问题。每半年还要做工作小结，使全省公安机关消防机构的工作，有计划、有步骤、有规律、有重点、有一般，年年都有新的内容和新的起色。一般来讲，在运用此工作方法时可按以下四个步骤进行。

一、制订计划

制订计划，就是决策机关或决策人员根据本单位、本系统或本地区的实际情况，在向所属单位或广大群众或基层单位调查研究的基础上，将分散的不系统的群众或专家意见集中起来进行分析和研究，进而确定下一步的工作计划。如我们在制订全省或全市全年或半年的消防安全管理工作计划时，也都应在向基层人员或群众调查研究的基础上，经过周密而系统的研究之后，以做出具体的符合实际情况的实施计划和办法。

二、贯彻实施

贯彻实施，就是将制订的计划向要执行的单位和群众进行贯彻，并向下级或

"到群众中做宣传解释",把上级的计划"化为群众的意见",使下级及其群众能够贯彻并坚持下去,见之于行动,并在下级和群众的实践中考验上级制订的计划或政策、办法和措施是否正确。我们部署的一个时期的工作任务,制定的消防安全规章制度,都应当向下级、向人民群众做宣传解释,让下级及下级的人民群众知道为什么要这样做,应当如何做,把上级政府或消防监督机关制定的方针政策、防火办法、规章制度变为群众的自觉行动。如我们利用广播、电视、刊物、报纸开展的各种消防安全宣传教育活动,举办各种消防安全培训班等都是向群众做宣传解释的最具体的运用。如河北省消防总队还总结出了"预防为主,宣传先行"的经验,这些都是很可贵的。

三、检查督促

检查督促,就是决策机关或决策人员,要不断深入基层单位,检查计划、办法和措施的执行情况,查看哪些执行了,哪些执行得不够好,为什么?这些计划、办法和措施通过实践途径的检验,是否正确,还存在哪些不足和问题,把好的做法向其他单位推广,把问题带回去,做进一步的改进和研究,对一些简单的问题可以就地解决。对实践证明是正确的计划、办法和措施由于认识或其他原因没有落实好的单位或个人,给予检查和督促。如我们经常运用的消防监督检查就是很好的实践。

四、总结评价

总结评价,就是决策机关或决策人员将所制订的计划、办法的贯彻落实情况,进行总结、分析和评价。其方法是通过深入群众、深入实际,了解下级或群众对计划和办法的意见和实施情况,并把这些情况汇总起来进行分析和评价。对实践证明是正确的,要继续坚持,抓好落实。对不正确的予以纠正,对有欠缺的方面进行补充和提高,对执行好的单位和个人给予表彰和奖励,对实践证明是正确的而又不认真执行和落实的单位和个人给予批评,对造成不良影响的给予纪律处罚[①]。

---

① 肖文涛,郑恒峰,林辉.消防安全管理:当前形势与发展理路[J].中国行政管理,2010 (12):9-13.

最后,根据总结评价情况,提出下一步的工作计划,再到群众和工作实际中贯彻落实,从而进入下一个工作循环。"如此无限循环,一次比一次地更正确、更生动、更丰富。"这是消防安全管理决策人员应当掌握的最基本的管理艺术。

第五节　消防安全评价法

消防安全评价也称火灾危险评价,就是对生产过程或某种操作过程的固有的或潜在的火灾危险性,以及对这些危险性可能造成的后果的严重性进行识别、分析和评估,以设定的指数、级别或概率对所评估的系统或某项操作的火灾危险性给予量化处理,并确定其发展的概率和危险程度,以寻求最低的火灾事故率、最少的火灾损失和人员伤亡及最经济、合理及有效的安全对策的消防安全管理方法。

一、消防安全评价的意义

对具有火灾危险性的生产、储存、使用的场所、装置、设施进行消防安全评价是预防火灾事故的一项重要措施,是消防安全管理科学化的基础,是依靠现代科学技术预防火灾事故的具体体现。通过消防安全评价可以评价发生火灾事故的可能性及其后果的严重程度,并根据其制定有针对性的预防措施和应急预案,从而降低火灾事故的发生频率和损失程度。其意义主要表现在以下几点。

(1)可以系统地从计划、设计、制造、运行等过程中考虑消防安全技术和消防安全管理问题,找出易燃易爆物料在生产、储存和使用中潜在的火灾危险因素,提出相应的消防安全措施。

(2)可以对潜在的火灾事故隐患进行定性、定量的分析和预测,使系统建立起更加安全的最优方案,制定更加科学、合理的消防安全防护措施。

(3)可以评价设备、设施或系统的设计是否使收益与消防安全达到最合理的平衡。

(4)可以评价生产设备、设施系统或易燃易爆物料在生产、储存和使用中是否符合消防安全法律、法规和标准的规定。

二、消防安全评价的分类

按照系统工程的观点,从消防安全管理的角度,消防安全评价可分为以下几种。

(一)新建、扩建、改建系统以及新工艺的预先消防安全评价

新建、扩建、改建系统以及新工艺的预先消防安全评价,主要是在新项目建设之前,预先辨识、分析系统可能存在的火灾危险性,并针对主要火灾危险提出预防和减少火灾危险的措施,制订改进方案,使系统的火灾危险性在项目设计阶段就得以消除或控制。如对有关新建、改建、扩建的基本建设项目(工程)、技术工改造工程项目和引进的工程建设项目在初步设计会审前完成预评价工作。预评价单位应采用先进、合理的定性、定量评价方法,分析建设项目中潜在的火灾危险、危害性及其可能的后果,提出明确的预防措施。

(二)在役设备或运行系统的消防安全评价

在役设备或运行系统的消防安全评价,主要是根据生产系统运行记录和同类系统发生火灾事故的情况以及系统管理、操作和维护状况,对照现行消防安全法规和消防安全技术标准,确定系统火灾危险性的大小,以便通过管理措施和技术措施提高系统的防火安全性。

(三)退役系统或有害废弃物的消防安全评价

退役生产系统的消防安全评价,主要是分析生产系统设备报废后带来的火灾危险性和遗留问题对环境、生态、居民安全、健康等的影响,提出妥善的消防安全对策。有害废物的消防安全评价内容,主要是火灾事故风险评价等。因为有害废弃物的堆放、填埋、焚烧三种处理方式都与热安全有关。例如,焚烧处理既可能发生着火、爆炸事故,也可能发生毒气、毒液泄漏事故;填埋处理则需考虑底

部渗漏、污染地下水，易燃、易爆、有害气体从排气孔溢散，也可能发生着火、爆炸或掀顶事故；堆放虽然是一种临时性处置，但有时因拖至很久而得不到进一步处理，堆放的废弃物中易燃、易爆、有害物质也会引发着火、爆炸、中毒事故等。

（四）易燃易爆危险物质的消防安全评价

易燃易爆危险物质的危险性主要包括火灾危险性、人体健康和生态环境危险性以及腐蚀危险性等。对易燃易爆危险物质的消防安全评价主要是通过试验方法测定或是通过计算物质的生成热、燃烧热、反应热、爆炸热等，预测物质着火爆炸的危险性。易燃易爆危险物质消防安全评价的内容除一般理化特性外，还包括自燃温度、最小点火能量、爆炸极限、燃烧速度、爆速、燃烧热、爆炸威力、起爆特性等[1]。由于使用条件不同，对易燃易爆危险物质的消防安全评价和分类也有多种方法。

（五）系统消防安全管理绩效评价

消防安全管理绩效是指单位根据消防安全管理的方针和目标在控制和消除火灾危险方面所取得的可测量的成绩和效果。这种评价主要是依照国家有关消防安全的法律、法规和标准，从生产系统或单位的安全管理组织，安全规章制度，设备、设施安全管理，作业环境管理等方面来评价生产系统或单位的消防安全管理的绩效。一般采用以安全检查表为依据的加权平均计值法或直接赋值法，此种方法目前在我国企业消防安全评价中应用最多。通过对系统消防安全管理绩效的评价，可以确定系统固有火灾危险性的受控程度是否达到规定的要求，从而确定系统消防安全的程度或水平。

三、消防安全评价方法

目前，可以用于生产过程或设施消防安全评价的方法有安全检查表法、火灾

---

[1] 黄沿波，戴宇彤，刘斌，张健，樊丽芳.消防安全评价体系初探[J].中国安全科学学报，2006（04）：31-35+147-148.

爆炸危险指数评价法、危险性预先分析法、危险可操作性研究法、故障类型与影响分析法、故障树分析法、人的可靠性分析法、作业条件危险性评价法、概率危险分析法等，已达到几十种。按照评价的特点，消防安全评价的方法可分为定性评价法、着火爆炸危险指数评价法、概率风险评价法和半定量评价法等几大类。在具体运用时，可根据评价对象、评价人员素质和评价的目的进行选择。

（一）定性评价法

定性评价法主要是根据经验和判断能力对生产系统的工艺、设备、环境、人员、管理等方面的状况进行定性的评价。此类评价方法主要有列表检查法（安全检查表法）、预先危险性分析法、故障类型和影响分析法以及危险可操作性研究法等。这类方法的特点是简单、便于操作，评价过程及结果直观，目前在国内外企业消防安全管理工作中被广泛使用。但是这类方法含有相当高的经验成分，带有一定的局限性，对系统危险性的描述缺乏深度，不同类型评价对象的评价结果没有可比性。

（二）指数评价法

指数评价法主要有美国道（DOW）化学公司的火灾爆炸指数评价法，英国帝国化学公司蒙德工厂的蒙德评价法，日本的六阶段危险评价法和我国化工厂危险程度分级方法等。该评价方法操作简单，避免了火灾事故概率及其后果难以确定的困难，使系统结构复杂、用概率难以表述其火灾危险性单元的评价有了一个可行的方法，是目前应用较多的评价方法之一；该评价方法的缺点是：评价模型对系统消防安全保障体系的功能重视不够，特别是易燃易爆危险物质和消防安全保障体系间的相互作用关系未予以考虑。各因素之间均以乘积或相加的方式处理，忽视了各因素之间重要性的差别；评价自开始起就用指标值给出，使得评价后期对系统的安全改进工作较为困难；指标值的确定只和指标的设置与否有关，而与指标因素的客观状态无关等，致使易燃易爆危险物质的种类、含量、空间布置相似而实际消防安全水平相差较远的系统评价结果相近。该评价法目前在石油、化工等领域应用较多。

（三）火灾概率风险评价法

火灾概率风险评价方法是根据子系统的事故发生概率，求取整个系统火灾事故发生概率的评价方法。本方法系统结构简单、清晰，相同元件的基础数据相互借鉴性强，这种方法在航空、航天、核能等领域得到了广泛应用。另外，该方法要求数据准确、充分，分析过程完整，判断和假设合理。但该方法需要取得组成系统各子系统发生故障的概率数据，目前在民用工业系统中，这类数据的积累还很不充分，是使用这一方法的根本性障碍。

（四）重大危险源评价法

重大危险源评价方法分为固有危险性评价与现实危险性评价，后者是在前者的基础上考虑各种控制因素，反映了人对控制事故发生和事故后果扩大的主观能动作用。固有危险性评价主要反映物质的固有特性、易燃易爆危险物质生产过程的特点和危险单元内、外部环境状况，分为事故易发性评价和事故严重度评价两种。事故的易发性取决于危险物质事故易发性与工艺过程危险性的耦合。易燃、易爆、有毒重大危险源辨识评价方法填补了我国跨行业重大危险源评价方法的空白，在事故严重度评价中建立了伤害模型库，采用了定量的计算方法，使我国工业火灾危险评价方法的研究从定性评价进入定量评价阶段。实际应用表明，使用该方法得到的评价结果科学、合理，符合中国国情。

由于消防安全评价不仅涉及技术科学，而且涉及管理学、伦理学、心理学、法学等社会科学的相关知识，评价指标及其权值的选取与生产技术水平、管理水平、生产者和管理者的素质以及社会和文化背景等因素密切相关。每种评价方法都有一定的适用范围和限度。目前，国外现有的消防安全评价方法主要适用于评价具有火灾危险的生产装置或生产单元发生火灾事故的可能性和火灾事故后果的严重程度。

四、消防安全评价的基本程序

消防安全评价的基本程序主要包括以下四个步骤。

（一）资料收集

就是根据评价的对象和范围，收集国内外相关法规和标准，了解同类设备、设施及生产工艺和火灾事故情况；评价对象的地理、气象条件及社会环境状况等。

（二）火灾危险危害因素辨识与分析

就是根据所评价的设备、设施或场所地理、气象条件、工程建设方案、工艺流程、装置布置、主要设备和仪表、原材料、中间体、产品的理化性质等，辨识和分析可能发生的事故类型、事故发生的原因和机理。

（三）划分评价单元，选择评价方法

在上述危险分析的基础上，划分、评价单元，根据评价目的和评价对象的复杂程度选择具体的一种或多种评价方法，对发生事故的可能性和严重程度进行定性或定量评价；并在此基础上进行危险分级、以确定管理的重点。

（四）提出降低或控制危险的安全对策

就是根据消防安全评价和分级结果，提出相应的对策措施。对于高于标准的危险情况，采取坚决的工程技术或组织管理措施，降低或控制危险状态。对低于标准的危险情况，属于可接受或允许的危险情况，应建立监测措施，防止因生产条件的变更而导致危险值增加；对不可能排除的危险情况，应采取积极的预防措施，并根据潜在的事故隐患提出事故应急预案。

五、消防安全评价的基本要求

消防安全评价是一项非常复杂和细致的工作，为避免不必要的弯路，在具体实施评价时，还应当做好以下几点。

（一）要由技术管理部门具体负责，并要注意听取专家的意见

无论是否在评价细节上求助于顾问或专业人员，消防安全评价过程都应由

单位的技术管理部门具体负责，并认真考虑具有实践经验与知识的员工代表的意见。对复杂工艺或技术的消防安全评价，要认真听取专家的意见，并应确保其对特定的作业活动有足够的了解，要保证每一相关人员（管理人员、员工及专家）的有效参与。

（二）确定危险级别应与危险实际状况相适应

评价对象的危险程度决定了消防安全评价的复杂程度，故消防安全评价中危险级别的确定应与实际危险状况相适应。对于只产生少量或简单危险源的小型企业单位，消防安全评价可以是一个非常直接的过程。该过程可以资料判断和参考合适的指南（如政府管理机构、行业协会发布的指南等）为基础，不一定都要复杂的过程与技能以进行评价。但对于危险性大、生产规模大的作业场所应采用复杂的消防安全评价方法，尤其是复杂工艺或新工艺，应尽可能地采用定量评价技术。

为此，单位首先应进行粗略的评价，以发现哪些地方需要进行全面的评价，哪些地方需要采用复杂的技术（如对化学危险品监测）等，从而略去那些不必要的评价步骤，增加评价的针对性。

（三）做到全面、系统、实际

消防安全评价并没有固定的规则，无论采取什么样的方法，都得依赖于生产的本质以及危险源和风险的类型等。必须用系统科学的思想和方法，对"人、机、环境"三个方面进行全面系统的分析和评价，然而重要的是做到以下几点。

（1）全面。要确保生产活动的各个方面都得到评价，包括常规和非常规的活动等。评价过程应包括生产活动的各个部分，包括那些暂时不在监督管理范围之内的作为承包方外出作业的员工、巡回人员等。

（2）系统。要保证消防安全评价活动的系统性，可通过按机械类、交通类、物料类等分类方式来寻找危险源；或者按地理位置将作业现场划分为几个不同区域；或采取一项作业接一项作业的方法来寻找危险源。

第五章 消防安全管理的基本方法

（3）实际。由于现场实际情况有时可能与作业手册中的规定有所不同，所以在具体进行评价时，要注意认真查看作业现场和作业时的实际情况，以保证消防安全评价活动的实用性。

（四）消防安全评价应当定期进行

企业的生产情况是不断变化的，因而消防安全评价也不应是一劳永逸的，故应当根据企业的生产状况定期进行。根据国家《安全生产法》的规定，生产、储存、使用易燃易爆危险品的装置，通常每2年应进行1次消防安全性评价。由于具有剧毒性易燃易爆危险品一旦发生事故可能造成的伤害和危害更严重，且相同剂量的危险品存在于同一环境，造成事故的危害会更大。对剧毒性易燃易爆危险品应每年进行1次消防安全评价。

（五）消防安全评价报告应当提出火灾隐患整改方案

对消防安全评价中发现的生产、储存装置中存在的火灾隐患，在出具消防安全评价报告时，应当提出整改方案。当发现存在不立即整改即会导致火灾事故的现实火灾危险时，应当立即停止使用，予以更换或者修复，并采取相应的消防安全措施。

（六）对消防安全评价的结果应当形成文件化的评价报告

由于消防安全评价报告所记录的是安全评价的过程和结果，并包括了对于不合格项提出的整改方案、事故预防措施及事故应急预案。所以，对消防安全评价的结果应当形成文件化的评价报告，并报所在地县级以上人民政府负责消防安全监督管理工作的部门备案。

第六章　火灾事故紧急处置

第一节　火灾与火灾报警

一、火灾及其分类

（一）火灾的定义

根据国家消防术语标准的规定，火灾是指在时间或空间上失去控制的燃烧所造成的灾害。根据该定义，火灾应当包括以下3层含义。

（1）必须造成灾害，包括人员伤亡或财物损失等。

（2）该灾害必须是由燃烧造成的。

（3）该燃烧必须是失去控制的燃烧。

要确定一种燃烧现象是否是火灾，应当根据以上3个条件去判定，否则就不能确定为火灾。比如，人们在家里用煤气做饭的燃烧就不能算火灾，因为它是有控制的燃烧；再如，垃圾堆里的燃烧，虽然该燃烧是失去控制的燃烧，但该燃烧没有造成灾害，所以也不能算作火灾。

（二）火灾的分类

根据《生产安全事故报告和调查处理条例》规定的生产安全事故等级标准，

火灾按一次火灾所造成的人员伤亡和财物损失金额的大小分为特大火灾、重大火灾、较大火灾和一般火灾4类。

（1）特别重大火灾是指造成30人以上死亡，或者100人以上重伤，或者1亿元以上直接财产损失的火灾。

（2）重大火灾是指造成10人以上30人以下死亡，或者50人以上100人以下重伤，或者5000万元以上1亿元以下直接财产损失的火灾。

（3）较大火灾是指造成3人以上10人以下死亡，或者10人以上50人以下重伤，或者1000万元以上5000万元以下直接财产损失的火灾。

（4）一般火灾是指造成3人以下死亡，或者10人以下重伤，或者1000万元以下直接财产损失的火灾。

（注："以上"包括本数，"以下"不包括本数）。

二、火灾的发展过程

火灾的发展过程大体上要经历初期、发展、猛烈和熄灭4个阶段。

（一）初期阶段

火灾初期阶段，是物质在起火后的十几分钟里，燃烧面积还不大，烟气流动速度较缓慢，火焰辐射出的能量还不多，周围物品和结构开始受热，温度上升不快，但呈上升趋势的阶段。在这个阶段，用较少的人力和应急的灭火器材就能将火控制住或扑灭。

（二）发展阶段

火灾发展阶段，是由于燃烧强度增大，500℃以上的烟气流加上火焰的辐射热作用，使周围可燃物品和结构受热并开始分解，气体对流加强，燃烧面积扩大，燃烧速度加快的阶段。在这个阶段需要投入较多的力量和灭火器材才能将火扑灭。

(三)猛烈阶段

火灾猛烈阶段,是由于燃烧面积扩大,大量的热释放出来,空间温度急剧上升,使周围可燃物品几乎全部卷入燃烧,火势达到猛烈程度的阶段。这个阶段,燃烧强度最大,热辐射最强,温度和烟气对流达到最大限度,不燃材料和结构的机械强度受到破坏,以致发生变形或倒塌,大火突破建筑物外壳,并向周围扩大蔓延,是火灾最难扑救的阶段。该阶段不仅需要很多的力量和器材扑救火灾,而且要用相当多的力量和器材保护周围的建筑物和物质,以防火势蔓延,造成更大的损失。

(四)熄灭阶段

熄灭阶段,是火场火势被控制住以后,由于灭火剂的作用或因燃烧材料已烧至殆尽,火势逐渐减弱直到熄灭的阶段。

综观火势发展的过程来看,初期阶段是易于控制和消灭的阶段。要千方百计抓住这个有利时机,扑灭初期火灾。如果错过该阶段再去扑救,就必然动用更多的人力和物力,付出很大的代价,造成更严重的损失和危害。

三、火灾报警的对象、方法和内容

根据《中华人民共和国消防法》的有关规定,任何单位和个人在发现火灾时,引起火灾的人,火灾现场工作人员,起火场所的负责人负有及时报告火警和参加扑救的职责。任何人不得拖延报警,不得阻拦他人报警,其他发现火灾情况的人,有义务也有权利报告火警。这是每个公民的义务。

(一)报火警的对象

(1)向周围的人员发出火灾警报,召集他们前来参加扑救或疏散物资。

(2)本单位(地区)有专职、义务消防队的,应迅速向他们报警。因为他们一般离火场较近,能较快到达火场。

（3）向公安消防队报警。公安消防队是灭火的主要力量，有时尽管失火单位有专职消防队，也应向公安消防队报警，不可等本单位扑救不了时再向公安消防队报警，那会延误灭火时机。

（4）向受火灾威胁的人员发出警报，让他们迅速疏散至安全的地方。发出警报时要根据火灾发展情况，做出局部或全部疏散的决定，并告诉群众要从容、镇静，避免引起慌乱、拥挤。

（二）报火警的方法

除装有自动报警系统的单位可以自动报警外，其他单位或个人可根据条件分别采取以下方法报警。

1.向单位和周围的人群报警

在向单位和周围的人群报警时，可以使用电话、警铃、汽笛、敲钟等手动报警设施或其他平时约定的报警手段报警；派人到本单位（地区）的专职消防队报警；使用有线广播报警。农村地区可以使用敲锣等方法报警或大声呼喊等方法报警。

2.向公安消防队报警

在向公安消防队报警时，可以拨叫"119"火警电话向公安消防队报警。当没有电话且离消防队较近时，可骑自行车到消防队报警。总之，方法要因地制宜，以最快的速度将火警报出去为目的。

（三）报火警的内容

在拨打火警电话向公安消防队报火警时，必须讲清以下内容。

1.发生火灾单位或个人的详细地址

包括街道名称、门牌号码、靠近何处等。农村发生火灾要讲明县、乡

（镇）、村庄名称；大型企业要讲明分厂、车间或部门；高层建筑要讲明第几层楼等。总之，地址要讲得具体、明确。

2.起火物

如房屋、商店、油库、露天堆场等，房屋着火最好讲明何建筑，如棚屋、砖木结构、新式厂房、高层建筑等。尤其要注意讲明的是起火物为何物，如液化石油气、汽油、化学试剂、棉花、麦秸等都应讲明白，以便消防部门根据情况派出相应的灭火车辆[①]。

3.火势情况

如只见冒烟、有火光、火势猛烈、有多少间房屋着火等。

4.报警人姓名及所用电话的号码

以上情况报完时，报警人应当将自己的姓名及所用电话的号码告知接警台，以便消防部门联系和了解火场情况。报火警之后，还应派人到路口接应消防车。

四、火灾预警处置的基本程序

（一）个人家庭的自救

个人家庭发生火灾时，应当按家庭的火灾应急预案或以上所叙的自救方法扑救、报警、逃生。

（二）单位的自救

单位发生火灾时，应当立即按照灭火和应急疏散预案，组织职工和志愿消防队队员扑救火灾，疏散人员和物资。人员密集场所发生火灾时，该场所的现场工

[①] 王荣，黄运佳.火灾探测报警系统设计研究[J].船舶设计通讯，2018（01）：86-91.

作人员应当立即组织、引导在场人员疏散。

（三）消防控制室值班人员火警处置程序

（1）当消防控制室值班人员接到火灾自动报警系统发出的火灾报警信号时，要通过单位内部电话或无线对讲系统立即通知巡查人员或报警区域的楼层值班、工作人员，立即迅速赶往现场实地察看。

（2）察看人员确认火情后，要立即通过报警按钮、楼层电话或无线对讲系统向消防控制室反馈信息，并同时组织本楼层第一梯队疏散引导组及时引导本层人员疏散；灭火行动组实施灭火。

（3）消防控制室接到查看人员确认的火情报告后要同时做到：立即启动消防广播，发出火警处置指令，通知第二梯队人员，并告知顾客不要惊慌，在单位员工的引导下迅速安全疏散、撤离；设有正压送风、排烟系统和消防水泵等设施的，要立即启动，确保人员安全疏散和有效扑救初起火灾；拨打"119"电话报警。

（4）第二梯队人员接到消防控制室值班人员发出的火警指令后，要迅速按照职责分工，同时做到：灭火行动组的人员立即跑向火灾现场实施增援灭火；疏散引导组引导各楼层人员紧急疏散；通信联络组继续拨打"119"电话报警；安全防护救护组携带药品，准备救护受伤人员。

（四）火灾事故善后程序

（1）火灾发生后，受灾单位应保护火灾现场。公安消防机构划定的警戒范围是火灾现场保护范围；尚未划定时，应将火灾过火范围以及与发生火灾有关的部位划定为火灾现场保护范围。

（2）未经公安消防机构允许，任何人不得擅自进入火灾现场保护范围内，不得擅自移动火场中的任何物品。

（3）未经公安消防机构同意，任何人不得擅自清理火灾现场。

（4）有关单位应接受事故调查，如实提供火灾事故情况，查找有关人员，协助火灾调查。

（5）有关单位应做好火灾伤亡人员及其亲属的安排、善后事宜。

（6）火灾调查结束后，有关单位应总结火灾事故教训，改进消防安全管理。

（五）公安消防队、专职消防队的救援

公安消防队、专职消防队接警后应当立即赶赴火场，按照生命优先的原则，首先确认火灾现场是否有遇险人员。起火场所的负责人和熟悉起火场所情况的人，应当向灭火指挥人员如实报告火灾现场有无遇险人员，有无易燃易爆危险品等。任何单位、个人不得以任何理由阻碍消防队优先救助遇险人员。

（六）火灾现场的封闭与保护

公安机关消防机构有权根据需要封闭火灾现场。公安机关消防机构封闭火灾现场，应当明确划定封闭范围，设置警戒线等警示标志，指定警戒人员看管，并在封闭现场主要出入口张贴封闭现场公告。火灾现场封闭期间，未经公安机关消防机构批准，无关人员不得进入火灾现场。火灾扑灭后，发生火灾的单位和相关人员应当按照公安机关消防机构的要求保护现场。

第二节 安全疏散与自救逃生

安全疏散与自救逃生是减少人员伤亡和财产损失的一个非常重要方面。从目前全国的火灾统计看，人员伤亡最大的直接原因：首先是单位不重视安全疏散与逃生，把疏散门、疏散通道堵上，或者不留疏散门；其次是单位员工不会组织现场群众逃生，遇到火灾不是首先组织现场群众逃生，而是自己溜之大吉；再次是人们不懂得正确的逃生方法，平时讲时莫不关己，遇到火灾惊恐万状，慌乱不知所措，结果被浓烟活活熏死。首先群众应当掌握正确的逃生方法；其次单位应当会组织现场群众逃生。

一、安全疏散的组织及要求

由于在火灾现场的人员有烟气中毒、窒息以及被热辐射、热气流烧伤的危险，所以，现场的救援指挥者，首先应当了解火场有无被困人员及其被困地点和抢救的通道，并根据不同火灾现场的特点正确地组织安全疏散。

（一）安全疏散组织的基本程序及要求

1.稳定情绪

火灾现场往往是火光冲天，浓烟滚滚，在夜间或断电的情况下，往往还会漆黑一片，给人一种非常恐惧的感觉。此时，没有特殊心理训练的人往往会惊慌失措、手忙脚乱。现场的指挥者，首先自己应当沉着冷静，果敢机警，采取喊话的方式稳定情绪大家的情绪。告诉大家，我是什么负责人，现在是什么位置的什么东西着的火，请大家不要慌乱，积极配合，听我的指挥，按指定路线尽快撤离火灾现场，使在场人员安全疏散出去。

2.告诉注意事项，做好必要准备

为了让火灾现场人员能够安全顺利地疏散出去，现场组织者还应当把疏散当中应当注意的事项告诉大家。需做装备的，还应当告诉必要的方法。如把干毛巾或身上的衣服弄湿捂上自己的口鼻等。对于老弱病残人员、婴幼儿等火灾高危群体，还应当做好背、拉、抬、搀扶等帮扶准备，并尽快地组织疏散。所有被困人员逃离出房间后，还应当关闭好已逃离房间的门窗，以防止因空气的流通造成火灾的蔓延。

3.选择正确路线和方法疏散

准备就绪后，应当按照平时制订的火灾应急预案，选择正确的路线疏散。在疏散时，如人员较多或能见度很差时，应在熟悉疏散通道的人员带领下，鱼贯地撤离起火点。带领人可用绳子牵领，用"跟着我"的喊话或前后扯着衣襟的方法将人员撤至室外或安全地点。

在撤离火场途中被浓烟所围困时，由于烟雾一般是向上流动，地面上的烟雾相对来说比较稀薄，因此，应当采取低姿势行走或匍匐穿过浓烟区的方法；应当设法用湿毛巾等捂住嘴、鼻，或用短呼吸法，用鼻子呼吸，以便迅速撤出烟雾区。如果没有湿毛巾，千万不要急跑，因为急跑会加大肺的呼吸量，有时本来采取低姿势行走或匍匐慢慢穿过浓烟区，反而急跑一口气就可能把人呛死。

高层旅馆饭店的服务人员，要善于引导旅客疏散。火灾时，要利用音响设备通报和指导按一定程序疏散，防止拥挤，影响疏散或造成踩伤事故。当烟雾弥漫走道或楼梯间时，要及时启动机械排烟系统排烟，并尽可能地引导客人从远离着火区的疏散楼梯疏散。

4.清点疏散人数

在组织人员逃生到安全地点后，对于大批人员应当负责注意清点人数，防止有遗漏未逃出的人员。尤其是婴幼儿、学生、老弱病残者等火灾高危群体人员，要做详细清点。

5.保护好已疏散人员的安全

火场上脱离险境的人员，往往因某种心理原因的驱使，不顾一切，想重新回到原处达到目的，如自己的亲人还被围困在房间里，急于救出亲人；怕珍贵的财物被烧，想急切地抢救出来等。这不仅会使他们重新陷入危险境地，且给火场扑救工作带来困难。火场指挥人员应组织人安排好这些脱险人员，做好安慰工作，以保证他们的安全。

（二）不同场所人员疏散的组织

1.楼房的下层着火时应当如何安全疏散

楼房的下层着火时，楼上的人不要惊慌失措，应根据现场的不同情况采取正确的自救措施。如果楼梯间只是充满烟雾,可采取低姿势手扶栏杆迅速而下;如果楼梯已被烟火封住但未坍塌,还有可能冲得出去时,则可向头部、上身淋些水,用浸湿的棉被、毯子等物披围在身上从烟火中冲过去;如果楼梯已被烧断、通道被堵死时,可通过屋顶上的老虎窗、阳台、沿落水管等处逃生,或在固定的物体上(如窗框、水管等)拴绳子,也可将被单撕成条连接起来,然后手拉绳缓缓而下。如果上述措施行不通时,则应退居室内,关闭通往着火区的门窗,还可向门窗上浇水,延缓火势蔓延,并向窗外伸出衣物或抛出小物件发出求救信号或呼喊引起楼外人员注意,设法求救。在火势猛烈、时间来不及的情况下,如被困在二楼时,可先往楼外地面上抛掷一些棉被等物,以增加缓冲,然后手拉着窗台或阳台往下滑,这样可使双脚先着地,又能缩小高度。如果被困在三楼以上,则不可以跳楼,可转移到其他较安全地点,耐心等待救援。

2.高层建筑着火时应当如何安全疏散

高层建筑着火时,疏散较为困难,因此更应沉着冷静,不可采取莽撞措施,以避免造成次生灾害。首先要冷静地观察从哪里可以疏散逃生,并且要呼叫他人,提醒他人及时进行疏散。疏散时应按照安全出口的指示标志,尽快地从安全通道和室外消防楼梯安全撤出。切勿盲目乱窜或奔向电梯,那样反而贻误逃生的时机或被困在电梯间致死。这是因为,火灾时电梯的电源常常被切断,同时电梯井烟囱效应很强,烟火极易由此处向上蔓延。如果情况危急,急欲逃生,可利用阳台之间的空隙、落水管或自救绳等滑行到没有起火的楼层或地面上,但千万不要跳楼。如果确实无力或没有条件用上述方法自救时,可紧闭房门,减少烟气、火焰浸入,躲在窗户下或到阳台避烟,单元式住宅高楼也可沿通至屋顶的楼梯进入楼顶,等待到达火场的消防人员解救。总之,在任何情况下,都不要放弃求生的希望。

3.人员密集场所着火时应当如何安全疏散

影剧院、体育馆、礼堂、医院、学校以及商店等人员密集场所,一旦起火,如果疏散不力,很容易造成重大伤亡事故,因此,平时要做好各种情况下安全疏散的准备工作。

（1）制订安全疏散计划。按人员的分布情况，制定在火灾等紧急情况下的安全疏散路线，并绘制平面图，用醒目的箭头标示出入口和疏散路线。路线要尽量简捷，安全出口的利用率要平均。对工作人员要明确分工，平时要进行训练，以便火灾时按疏散计划组织人流有秩序地进行疏散。

（2）在营业时间里，工作人员应坚守岗位，并保证安全走道、楼梯和出口畅通无阻。安全出口不得锁闭，通道不得堆放有碍安全疏散的物资。

（3）安全疏散时要维持好秩序，注意不要互相推挤，要扶老携幼，要帮助残疾人和有病、行动不便的人一道撤离火场。

4.地下建筑着火时应当如何安全疏散

地下建筑包括地下旅馆、商店、物资仓库等。这些场所的火灾特点是：空间较小，疏散设施有限，起火时烟气很快充满空间；空间温度高，能见度极差，人们在惊慌中又易迷失方向；人员疏散只能通过出入口，安全疏散的难度比地面建筑要大得多。加之烟气流对人的危害很大等，所以需要在更短的时间里将人员疏散出去。

（1）应制订区间（两个出入口之间的区域）疏散计划。计划应明确指出区间人员疏散路线和每条路线上的负责人。计划要用平面图显示出来。

（2）服务管理人员都必须熟悉计划，特别是要明确疏散路线，一旦发生紧急情况，能沉着地引导人流撤离起火场所。

（3）地下建筑内的走道两侧附设的招牌、广告、装饰物均不得突出于走道内。

（4）地下建筑失火时，如果发生断电事故，营业单位应立即启用平时备好的事故照明设施或使用手电筒、电池灯等照明器具，以引导疏散。

（5）单位负责安全的管理人员在人员撤离后应清理现场，防止有人在慌乱中采取躲藏起来的办法而发生中毒或被烧死的事故。

二、物资的安全疏散

为了最大限度地减少火灾损失，防止火势蔓延和扩大，火场上的物资，尤其是非常有价值的物资，应当有组织地进行疏散。由于物资的疏散通常都是失火单位组织，所以，单位的消防安全管理人员应当负责物资疏散的组织工作。

（一）应急疏散的物资

（1）有可能扩大火势和有爆炸危险的物资。例如，起火点附近的汽油、柴油油桶，充装有气体的钢瓶以及其他易燃易爆和有毒的危险品，遇水可发出易燃气体的物资等。

（2）性质重要、价值昂贵的物资。例如，档案资料、高级仪器、珍贵文物以及经济价值大的原料、产品、设备等。

（3）影响灭火战斗的物资。例如，妨碍灭火行动的物资、怕水的物资（糖、纸张）等。

（二）组织疏散的要求

（1）将参加疏散的职工或群众编成组，指定负责人，使整个疏散工作有秩序地进行。

（2）首先疏散受水、火、烟威胁最大的物资。

（3）疏散出来的物资应堆放在上风向的安全地点，不得堵塞通道，并派人看护。

（4）尽量利用各类搬运机械进行疏散，如企业单位的起重机、输送机、汽车、装卸机等。

（5）怕水的物资应用苫布进行保护。

三、火场自救逃生的基本方法

（一）熟悉环境

一般来说，人们对长期居住生活的地域环境比较熟悉，若遇到紧急情况即可迅即撤离火灾现场,因而人员伤亡较少。倘若人们来到陌生的地方,特别是在商场、宾馆等庞大建筑物中,平时应有意留心大门、楼梯、进出口通道及紧急备用出口等方位和特征,做到胸中有数。一旦遇到火灾险情时,不至于迷失方向而盲目地往火海里闯,往死胡同里钻。如在1985年的哈尔滨天鹅饭店火灾中,几位日本旅客在住进饭店时就摸清了周围的环境,把安全出口处牢记在心,因而得以逃生。还有一个极有说服力的例子,在1994年12月克拉玛依特大火灾中,一个10岁的小男孩看到舞台上方纱幕起火后,立刻拉起自己的小妹妹往通道跑,不假思索地钻进厕所里,直到被人救出,这都是熟悉环境得到的求生之路。

(二)头脑冷静

当楼房发生火灾时,应保持稳定的心理状态,切不可惊慌失措,以免做出错误的决断而冒险跳楼。如1985年4月哈尔滨天鹅饭店失火,一位日本旅客发现火情后,及时向其他客人报警,然后用床单结成绳索,顺窗下坠从而逃生。而几位中国职工和朝鲜客人,因缺乏防火逃生经验慌忙跳楼,结果不是摔死就是重伤。在这场火灾死亡的10人中,有9人是因盲目跳楼而摔得粉身碎骨。我们要切记这样的教训。如果遇到类似的情况,切不可惊慌失措。如果楼梯刚刚着火,可用湿棉被、毯子等披在身上,毫不迟疑地冲过火海,虽然可能受点儿伤,但可避免生命危险[①]。

(三)湿巾捂鼻

现代建筑虽然比较牢固,但几乎所有的装饰材料,诸如塑料壁纸、化纤地板、聚苯乙烯泡沫板、人造宝丽板等,均为易燃物品。这些化学装饰材料燃烧时会散发出有毒的气体,随着浓烟以快于人奔跑4~8倍的速度迅速蔓延,人们即使不烧死,也会因烟雾窒息死亡。此时一定不要狂奔乱跑,要平静下来,放慢呼吸,尤其不要急喘气,否则一口气下去很容易窒息。当烟雾太浓时,可用毛巾捂住口鼻,屏住呼吸,防止烟雾毒气呛入体内。同时宜俯卧爬行,因烟气及毒气比

---

①康辉,陈沫.高层逃生自救设备的研究与创新设计[J].机械设计,2014,31(12):78-81.

空气轻,贴近地面的空气,一般比较少烟清洁,且含氧量较多,可避免被毒烟熏倒而窒息。在火场上发现烟雾中毒者时,应立即送往医院抢救。

(四)辨明逃生方向

着火后,火焰挟着浓烟滚滚而来,所以你在辨别逃离方向时,一定要注意朝着明亮处迅速撤离。在公共场所切忌乱挤乱跑,以免因拥挤、践踏造成不必要的伤亡。在楼梯上,应尽可能往下跑,因为火主要是向上蔓延的。如果楼梯已经烧断或被烈火封闭,那么就应当通过屋顶上的天窗、阳台、下水道等建筑结构中的凸出物往外逃生,还可用绳子拴在门窗等固定物上,顺着绳子往下滑。如无绳子,应就地取材。

(五)防止引火烧身

在火灾现场,如果身上着了火,千万不能随便奔跑,因为奔跑时会形成一股小风,大量新鲜空气冲到着火人身上,就会像给火炉扇风似的,越烧越旺。着火的人到处乱跑,还会把火带到其他场所,引起新的起火点。

由于身上着火时,一般总是先烧衣服,所以,这时最要紧的是设法先将衣服脱掉,如果来不及脱衣服,也可卧倒在地上打滚,把身上的火苗压熄。在场的其他人员也可用湿麻袋、毯子等物把着火人包裹起来以窒息火焰;或者向着火人身上浇水,帮助受害者将烧着的衣服撕下;或者跳入附近池塘、小河中将身上的火熄掉。

(六)跑离火场

此为火场逃生的一条主要途径,能在较短时间内疏散大量的人员。但切记不要沿烟气深重或已被烟火封堵的楼梯下跑,下行的人群一旦与上窜的烟火遭遇,可能造成惨重伤亡。同时,不可通过普通电梯疏散,万一断电,将死于"囚笼";也不可躲入床下或壁柜中,令救援者难以发现。

正确的选择是:沿烟气不浓,大火尚未烧及的楼梯、应急疏散通道、楼外附设的敞开式楼梯等下跑。一旦在下跑的过程中受到烟火或人为封堵,应沿水平方向选择其他通道，或临时退守到房间及避难层内，争取时间，进而采用其他方式逃生。如果这些因火场情况和客观条件所限，无法实施，也可跑到楼顶平台等处挥舞衣物，发出呼救，等候救援，此为下策。当然，无论是上策，还是下策，均建立在对建筑结构和火场情况的了解之上。

（七）结绳自救

在准备逃离房间前，应用手摸摸房门或开一道小缝观察，如果房门发烫或有浓烟扑入，说明火已离你不远，门外已十分危险，此时要另寻生路。可将窗帘、被罩撕成粗条，结成长绳，一端紧固在暖气管道或其他足以载负体重的物体上，另一端沿窗口下垂直至地面或较低楼层的窗口、阳台处，顺绳下滑逃生。注意应将绳索结扎牢固，以防负重后松脱或断裂。如在某兵工物资西北招待所火灾中，这种逃生方式成功地保护和挽救了100多名旅客的生命。

（八）巧用地形

由于建筑样式各异，因此也相应形成了不同的构筑特点，有些地形是可以用来逃生的。如建筑上附设的落水管、毗邻的阳台、邻近的楼顶以及楼顶上的水箱等，都可能会成为人们死里逃生的一线生机。这些都需要人们平时注意留心观察，熟记于心。

（九）积极待援

坚持待援可谓一种被动的选择。可用被子蒙住门，用织物堵严门缝，并向上泼水，顶住烟火的进攻。据有关资料称：一扇标准的木门，可为人们争取到十多分钟的时间；同时可通过窗口向外面招手、呼喊、打手电筒、抛掷物品等，发出求救信号。火场中的勇敢精神和顽强行为，有时也能够创造出奇迹来。

（十）慎重跳楼

跳楼一向是造成火场人员伤亡的又一主要原因。无论怎么说，从较高楼层跳楼求生，都是一种风险极高、不可轻取的逃生选择。但人们被高温烟气步步紧逼，实在无计可施、无路可走时，跳楼也就必然成为挑战死亡的生命豪赌。万般无奈之下一旦采用跳楼逃生，应注意尽量想方设法缩小与地面的落差，并先行抛掷一些柔软物品，如棉被、床垫等，减少与地面的冲击。如有可能，楼下救援者应积极施救，或布置充气垫等物兜接，力求最大限度地减少伤亡。

第三节　火灾应急预案的制订

凡事预则立，不预则废。为了做到有备无患，根据《消防法》第四十三条的规定，县级以上地方人民政府应当组织有关部门针对本行政区域内的火灾特点，制订火灾应急预案，建立火灾应急反应和处置机制，为火灾扑救和应急救援工作提供人员、装备等保障。同时，《消防法》第十六条还规定，机关、团体、企业、事业等单位应当制订灭火和应急疏散预案。社会各单位应根据本单位的特点，及火灾危险性较大和重点部位的实际情况，有针对性地制订火灾应急预案。

一、政府火灾应急预案的制订

县级以上地方人民政府的火灾应急预案，应当针对当地灾害事故的性质、特点和可能造成的社会危害，组织有关部门制订，并应当适应最不利情况下灭火和应急救援的需要，根据实际需要和情势变化，适时修订、完善。

（一）政府火灾应急预案应当包括的内容

（1）应急管理工作的组织指挥体系和职责。

（2）灾害事故的预防与预警机制。

（3）灾害事故的报告、现场紧急处置、安全防护救护、通信联络、指挥调动等处置程序。

（4）公安、发展改革、财政、交通运输、民政、安全监管、环境保护、医疗救护、供水、供电、供气、通信以及其他部门、单位参加的应急保障措施。

（5）其他需要规定的内容。

（二）政府火灾应急预案的实施

1.应急救援工作的组织领导

接到火灾和其他灾害事故报警，公安消防队、政府专职消防队应当立即赶赴现场。对于火灾以外的其他重大灾害事故，县级以上人民政府应当根据应急预案要求建立应急救援指挥部，统一领导应急救援工作，指挥、协调、发动有关部门和社会力量参加抢险救援。

2.人员装备优先运输

因扑救火灾或者应急救援，需要运送消防人员和调集的消防装备、物资的，县级以上地方人民政府应当协调铁路、水路或者航空运输经营单位优先安排运输。

运输消防和应急救援装备、器材、油料、压缩气体和其他禁运的药剂、洗消剂等物品，不受常规运输条件等要求的限制，但运输经营单位应当采取必要的安全措施[①]。

3.应急救援损耗补偿

单位专职消防队、志愿消防队参加扑救外单位火灾所损耗的燃料、灭火剂和器材、装备等，由火灾发生地的县、市人民政府给予补偿。具体补偿标准和办法由省、自治区、直辖市人民政府制定。

4.伤残死亡的医疗、抚恤

公安消防队、专职消防队、志愿消防队的队员或者其他个人，因参加扑救火灾或者应急救援受伤、致残或者死亡的，有关人民政府和单位应当按照国家规定

---

① 陈文涛.超高层公共建筑火灾应急预案关键要素分析[J].安全，2020，41（11）：21-24.

保证医疗、抚恤；丧失劳动能力的，应当给予必要的生活保障。

二、单位火灾应急预案的制订

（一）火灾应急预案应包括的内容

（1）明确火灾现场通信联络、灭火、疏散、救护、保卫等任务的负责人。规模较大的人员密集场所应由专门机构负责，组建各职能小组，并明确负责人、组成人员及其职责。

（2）火警处置程序。火警处置程序包括应急疏散的组织程序、措施和扑救初起火灾的程序、措施两方面。

（3）通信联络、安全防护和人员救护的组织与调度程序和保障措施。

（二）单位火灾应急预案的组织机构

消防安全责任人或消防安全管理人担负公安消防队到达火灾现场之前的指挥职责，组织开展灭火和应急疏散等工作。规模较大的单位可以成立火灾事故应急指挥机构。

火灾应急疏散各项职责应由当班的消防安全管理人、部门主管人员、消防控制室值班人员、保安人员、志愿消防队承担。规模较大的单位可以成立各职能小组，由消防安全管理人、部门主管人员、消防控制室值班人员、保安人员、志愿消防队及其他在岗的从业人员组成。

火灾事故应急组织机构的主要职责简要介绍如下。

（1）通信联络机构。负责与消防安全责任人和当地公安消防机构之间的通信和联络。

（2）灭火机构。发生火灾立即利用消防器材、设施就地进行火灾扑救。

（3）疏散机构。负责引导人员正确疏散、逃生。

（4）救护机构。协助抢救、护送受伤人员。

（5）保卫机构。阻止与场所无关人员进入现场，保护火灾现场，并协助公安消防机构开展火灾调查。

（6）后勤机构。负责抢险物资、器材器具的供应及后勤保障。

（三）火灾应急预案的实施程序

当确认发生火灾后，应立即启动灭火和应急疏散预案，并同时开展下列工作。

（1）向公安机关消防机构报火警。

（2）当班人员执行预案中的相应职责。

（3）组织和引导人员疏散，营救被困人员。

（4）使用消火栓等消防器材、设施扑救初起火灾。

（5）派专人接应消防车辆到达火灾现场。

（6）保护火灾现场，维护现场秩序。

（四）火灾应急预案的宣贯和完善

火灾应急预案制订完毕后，应定期组织员工熟悉火灾应急疏散预案的具体内容，并通过预案演练，逐步修改完善。对于地铁、高度超过100m的多功能建筑等，应根据需要邀请有关专家对火灾应急疏散预案进行评估、论证，使其进一步完善和提高。

第四节　火灾事故原因调查

任何一个单位，一旦发生火灾往往会在政治上带来不良影响，在经济上造成重大损失或人员伤亡。而任何一起火灾的发生，都有其直接或间接的原因，都是火灾发生单位在消防安全工作上存在问题的一次大暴露。及时查明事故原因，找出导致火灾的根本所在，研究出防止类似事故的对策，对有效防止火灾事故的发

生，推动消防安全工作的开展，都具有十分重要的意义。

一、火灾事故原因调查的原则和基本任务

火灾事故调查应当坚持及时、客观、公正、合法的原则，任何单位和个人不得妨碍和非法干预火灾事故调查。根据《消防法》第五十一条的规定，公安机关消防机构负责调查火灾原因，统计火灾损失，并根据火灾现场勘验、调查情况和有关的检验、鉴定意见，依法对火灾事故做出火灾责任认定，作为处理火灾事故的证据，总结火灾事故教训。

（1）调查火灾原因。火灾原因包括起火原因和致灾原因两个方面。起火原因是指直接导致起火燃烧的原因；致灾原因是指直接导致火灾危害后果的原因。火灾原因调查就是要查清起火原因和致灾原因，确定火灾事故的性质，为消防安全工作积累正、反两方面的经验和资料，从中找出问题的症结所在，采取针对性的改进措施和对策，防止类似事故的再次发生，并为改进火灾扑救工作，调整灭火作战计划，增加新的灭火设备或器材，研究新的灭火战术、技术对策提供经验和素材[①]。

（2）做出技术鉴定，为依法追究火灾责任者提供事实根据，使火灾肇事者受到应有的惩罚，使职工群众从中受到启发教育，从而提高人们的防火警惕性。

（3）根据火灾事故的性质、情节和后果，对有关责任者提出处理意见，分别由有关部门进行处理，及时有力地打击放火犯罪，维护社会治安，保护人民群众的利益和国家的利益。

（4）统计火灾经济损失和人员伤亡情况，为国家提供准确的时效性强的火灾情报和统计资料，为制定消防工作对策提供决策依据。

（5）发现消防安全工作中的难题，为消防科研部门提供研究课题，为单位的消防安全解决实际问题，使消防科学研究更好地为经济发展服务。

---

① 李徐伟，陈志福，林欢，吴晓明.浅析火灾事故原因调查工作的现状及改进措施[J].中国石油和化工标准与质量，2017，37（11）：82-83.

二、火灾事故原因调查的基本分工

（一）火灾事故原因调查的主体

根据公安部火灾事故原因调查规定的有关规定，火灾事故调查由县级以上公安机关主管，并由本级公安机关消防机构实施；尚未设立县级公安机关消防机构的，由县级公安机关实施。公安机关消防机构接到火灾报警，应当及时派员赶赴现场，开展火灾事故调查工作。

公安派出所应当协助公安机关火灾事故调查部门维护火灾现场秩序，保护现场，进行现场调查，根据需要收集、保全与火灾事故有关的证据，控制火灾肇事嫌疑人。

（二）公安机关消防机构火灾事故原因调查的分工

火灾事故调查，由火灾发生地按照下列分工进行。

（1）一次火灾死亡十人以上的，重伤二十人以上或者死亡、重伤二十人以上的，受灾五十户（"户"是指由公安机关登记的家庭户）以上的，由省、自治区、直辖市人民政府公安机关消防机构负责调查（"以上"含本数、本级，"以下"不含本数）。

（2）一次火灾死亡一人以上的，重伤十人以上或者死亡、重伤十人以上的，受灾三十户以上的，由该区的市或者相当于同级人民政府公安机关消防机构负责调查。

（3）一次火灾重伤十人以下或者受灾三十户以下的，由县级人民政府公安机关消防机构负责调查。

（4）其他仅有财产损失的火灾事故调查，由省、自治区、直辖市公安机关结合本地实际做出具体分级管辖规定，报公安部备案。

（5）跨行政区域的火灾事故，由最先起火地的公安机关消防机构负责调查，相关行政区域的公安机关消防机构予以协助。管辖权发生争议的，报请共同的上一级公安机关消防机构指定管辖。

（6）军事设施发生火灾需要公安机关消防机构协助调查的，由省、自治区、直辖市公安机关消防机构或者公安部消防局调派火灾事故调查专家协助。

（7）铁路、交通、民航、林业公安机关消防机构负责调查其消防监督范围内发生的火灾事故。

（三）需要公安机关刑侦机构参与调查或立案侦查的火灾

为了及时有效地掌握证据，对有下列情形之一的火灾，公安机关消防机构应当立即通知具有管辖权的公安机关刑侦部门参与调查。

（1）有人员死亡的火灾。

（2）国家机关、广播电台、电视台、学校、医院、养老院、托儿所、幼儿园、文物保护单位、邮政和通信、交通枢纽等部门和单位发生社会影响大的火灾。

（3）具有放火嫌疑线索的火灾。

公安机关刑侦部门接到通知后应当立即派员赶赴现场参加调查。构成放火嫌疑案件的，公安机关刑侦部门应当立案侦查，公安机关消防机构予以协助。

三、火灾事故原因调查的程序

为了及时有效地调查火灾，根据火灾的大小规模，火灾事故原因的调查有简易和一般两种程序。

（一）火灾事故原因调查的简易程序

1.适用于简易程序的条件

同时具有下列情形的火灾事故，可以适用简易程序调查：

（1）没有人员伤亡的。

（2）根据省、自治区、直辖市公安机关确定的标准，火灾直接财产损失轻微的。

（3）当事人（指与火灾发生、蔓延和损失有直接利害关系的单位和个人）对火灾事故事实没有异议的。

（4）没有放火嫌疑的。

2.简易程序的调查方法和步骤

（1）表明执法身份，说明调查依据。

（2）调查走访当事人、证人，了解火灾发生过程、火灾烧损的主要物品及建筑物受损等与火灾有关的情况。

（3）察看火灾现场并进行照相或者录像。

（4）告知当事人调查的火灾事实，听取当事人的意见；采纳当事人提出的成立的事实、理由或者证据。

（5）当场填写《火灾事故简易调查认定书》，由火灾事故调查人员、当事人签字后交付当事人。

3.实施简易程序的要求

（1）适用简易程序的，可以由一名火灾事故调查人员调查。

（2）火灾调查人员到达火灾现场后，应当根据需要组织现场保护，初步察看和了解现场情况，决定是否适用简易程序。

（3）公安机关消防机构经过调查，发现不适用简易程序的，应当及时转为一般程序。

（二）火灾事故原因调查的一般程序

1.调查人员要求

（1）火灾事故调查人员的限定。除适用简易程序调查外，公安机关消防机构对火灾事故进行调查时，火灾事故调查人员不得少于两人；必要时，可以聘请有关方面的专家或者专业人员协助调查。

（2）火灾事故原因调查实行主责火灾事故调查员负责制。主责火灾事故调查员应当具备相应资格，由公安机关消防机构的行政负责人指定，负责组织实施火灾现场勘验等火灾事故调查工作，提出火灾事故认定意见。

（3）专家组制度。公安部和省、自治区、直辖市公安机关应当成立火灾事故调查专家组，协助调查复杂、疑难的火灾事故。专家组的专家协助调查火灾事故的，应当出具专家意见。

2.火灾现场保护

（1）封闭现场。公安机关消防机构应当根据火灾事故调查需要，及时调整现场封闭范围。最早到达火灾发生地的公安机关消防机构，应当根据火灾现场情况，排除现场险情，初步划定现场封闭范围，禁止无关人员进入现场，控制火灾肇事嫌疑人。

（2）封闭现场公告。公安机关消防机构应当将现场封闭的范围、时间和要求等，在火灾现场予以公告，并对封闭范围设置警戒标志。

（3）现场解除。公安机关消防机构应当在现场勘验结束后及时解除现场封闭。

3.调查期限

公安机关消防机构应当自接到火灾报警之日起六十日（指工作日，不包括节假日，下同）内做出火灾事故认定；情况复杂、疑难的，经上一级公安机关消防机构批准，可以延长三十日。火灾事故调查中需要进行检验、鉴定的，检验、鉴定时间不计入调查期限。

4.其他要求

火灾事故调查中有关回避、证据、调查取证等要求，应当符合公安机关办理行政案件的有关规定。

四、火灾事故原因的调查

公安机关消防机构应当根据调查需要，适时对现场勘验和调查询问收集到的证据、线索进行审查和分析，确定火灾事故的主要事实、调查工作重点和方向。

（一）调查询问

火灾事故调查人员应当根据调查需要，对发现、扑救火灾人员，熟悉起火场所、部位和生产工艺人员，火灾肇事嫌疑人和受害人等知情人员进行询问。对火灾肇事嫌疑人可以依法传唤。必要时，可以要求被询问人到火灾现场进行指认。

询问应当制作笔录，由火灾事故调查人员和被询问人签名或者捺指印。被询问人拒绝签名和捺指印的，应当在笔录中加以注明。

（二）火灾现场勘验

勘验火灾现场应当遵循火灾现场勘验规则，采取现场照相或者录像、录音，制作现场勘验笔录和绘制现场图等方法记录勘验情况。

勘验有人员死亡的火灾现场，火灾事故调查人员应当对尸体表面进行观察并记录，对尸体在火灾现场的位置进行调查。

现场勘验笔录、现场图应当由火灾事故调查人员、当事人或者证人签名。当事人、证人拒绝签名或者无法签名的，应当在现场勘验笔录、现场图上注明。

（三）物证提取

现场提取痕迹、物品，应当按照下列方法和步骤进行。

（1）量取痕迹、物品的位置、尺寸，并进行照相或者录像。

（2）填写火灾痕迹、物品提取清单，由提取人、当事人或者证人签名；当事人、证人拒绝签名或者无法签名的，应当在清单上注明。

（3）封装痕迹、物品，粘贴标签，标明火灾名称、提取时间、痕迹、物品名称、序号等，由封装人、当事人或者证人签名；当事人、证人拒绝签名或者无法签名的，应当在标签上注明。

（4）提取的痕迹、物品应当妥善保管。

（5）痕迹、物品或者证据可能因时间、地点、气象等原因灭失的，可以先行登记保存。

（四）现场实验

公安机关消防机构可以根据调查需要进行现场实验。现场实验应当照相或者录像，制作现场实验报告，并由实验人员和见证人员签字。现场实验报告的内容包括实验的目的、时间、环境、地点、使用仪器或者物品、过程以及实验结果等。

（五）火灾检验与鉴定

现场提取的痕迹、物品需要进行技术鉴定的，公安机关消防机构应当委托依法设立的鉴定机构进行，并与鉴定机构约定鉴定期限和鉴定材料的保管期限。

有人员死亡的火灾事故，公安机关消防机构应当立即通知同级公安机关刑事科学技术部门进行尸体检验。公安机关刑事科学技术部门应当按规定进行尸体检验，确定死亡原因，出具尸体检验鉴定报告，送交公安机关消防机构。

卫生行政主管部门许可的医疗机构及其具有执业资格的医生为火灾受伤人员出具的加盖公章的诊断证明，可以作为公安机关消防机构认定人身伤害程度的依据。

（六）火灾损失统计

受损单位和个人应当如实填写火灾直接财产损失申报表，并附有效证明材料，于火灾扑灭后七日内向公安机关消防机构申报。

公安机关消防机构应当根据受损单位和个人的申报、依法设立的价格鉴证机构出具的火灾直接经济损失鉴定报告以及调查核实情况,按照有关火灾损失统计规定,对火灾直接经济损失和人员伤亡情况如实进行统计,填写火灾损失统计表。

公安机关消防机构、受损单位和个人,可以根据需要委托依法设立的价格鉴证机构对火灾直接经济损失进行鉴定。公安机关消防机构应当对鉴定结果进行审查,对符合规定的可以作为证据使用;对不符合规定的,应当要求价格鉴证机构重新出具鉴定报告,或者不予采信。

公安机关消防机构办理刑事案件,应当委托价格主管部门设立的价格鉴证机构对火灾直接经济损失进行鉴定。

五、火灾事故原因的认定与复核

(一)火灾事故原因的认定

1.火灾事故原因的认定内容

公安机关消防机构应当根据现场勘验、调查询问和有关检验、鉴定意见等调查情况,进行综合分析,做出火灾事故认定。火灾事故认定应当包括火灾事故基本情况、起火原因和灾害成因等内容。

公安机关消防机构在做出火灾事故认定前,应当召集当事人到场,说明拟做出的起火原因认定情况,听取当事人意见;当事人不到场的,应当记录在案。

2.起火原因的认定内容

对已经查清起火原因的,应当认定起火时间、起火部位、起火点和起火原因;对无法查清起火原因的,应当认定起火时间、起火点或者起火部位以及有证据能够排除的起火原因。

3.灾害成因的认定内容

灾害成因认定主要包括以下两项内容。

（1）火灾报警、初期火灾扑救和人员疏散情况以及火灾蔓延、损失情况。

（2）与火灾蔓延、损失扩大存在直接因果关系的违反消防法律法规、消防技术标准的事实。

4.制作火灾事故认定书

公安机关消防机构认定火灾事故，应当制作《火灾事故认定书》，自做出之日起七日内送达当事人。当事人数量在十人以上的，公安机关消防机构可以在做出火灾事故认定之日起七日内向社会公告，公告期为二十日。

5.当事人查阅证据

公安机关消防机构做出火灾事故认定后，除涉及国家秘密、商业秘密、个人隐私或者移交公安机关其他部门处理的外，当事人可以申请查阅、复制、摘录火灾事故认定书、现场勘验笔录和检验、鉴定意见，公安机关消防机构应当自接到申请之日起七日内提供。

（二）火灾原因复核

1.复核的申请

当事人对火灾事故认定有异议的，可以自火灾事故认定书送达之日起十五日内，向上一级公安机关消防机构提出书面复核申请，复核申请应当载明复核请求、理由和主要证据。复核申请以一次为限。

2.复核的受理

复核机构应当自收到复核申请之日起七日内做出是否受理的决定并书面通知申请人；决定受理的，应当同时通知原认定机构。但有下列情形之一的，复核申请不予受理：

（1）申请人非火灾事故当事人的（不包括委托代理的）。

（2）超过复核申请期限的（但应当告诉通过信访处理）。

（3）已经复核并做出复核结论的（但又有新理由的除外）。

（4）当事人向人民法院提起行政诉讼，人民法院已经受理的。

（5）符合适用简易程序规定做出的火灾事故认定的。

3.复核案卷的提交与审查

原认定机构应当自接到通知之日起十日内，向复核机构做出书面说明，提交火灾事故调查卷。

复核原则上采取书面审查方式。必要时，可以向有关人员进行调查；火灾现场尚存的，可以进行复核勘验。

4.做出复核结论

复核机构应当自受理之日起三十日内，对原火灾事故认定进行审查，并按照下列要求做出复核结论。

（1）原火灾事故认定主要事实不清，或者证据不确实充分，或者程序违法影响结果公正，或者起火原因、灾害成因认定错误的，责令原认定机构重新调查、认定。

（2）原火灾事故认定主要事实清楚、证据确凿充分、程序合法，起火原因和灾害成因认定正确的，维持原认定。

复核结论自做出之日起七日内送达申请人和原认定机构。

5.重新认定

原认定机构接到重新调查认定的复核结论后，应当撤销原认定，在十五日内重新做出火灾事故认定。重新调查需要检验、鉴定的，原认定机构应当在检验、鉴定结论确定之日起五日内，重新做出火灾事故认定。原认定机构在重新做出火灾事故认定前，应当向有关当事人说明重新认定情况；重新做出火灾事故认定后，应当将火灾事故认定书送达当事人，并报复核机构备案。

六、火灾事故调查的责任处理

（一）一般要求

公安机关消防机构在火灾事故调查过程中，应当根据下列情况分别做出处理。

（1）涉嫌失火罪、消防责任事故罪的，按照公安机关办理刑事案件有关规定立案侦查；涉嫌其他犯罪的，及时移送公安机关其他部门办理。

（2）涉嫌违反消防行政法律法规行为的，按照公安机关办理行政案件有关规定调查处理；涉嫌其他违法行为的，及时移送有关部门调查处理。

（3）应当给予行政处分的，交有关主管部门处理。

公安机关消防机构经过调查发现不属于火灾事故的，应当告知当事人处理途径并记录在案。

（二）案件的移送审批及材料的移交

公安机关消防机构向公安机关其他部门移送涉嫌犯罪案件，应当经公安机关消防机构负责人批准后二十四小时内移送，并根据案件需要附下列材料：

（1）案件移送通知书；

（2）案件调查情况；

（3）涉案物品清单；

（4）询问笔录、现场勘验笔录、检验、鉴定意见以及照相、录像、录音等资料；

（5）其他有关材料。

构成放火案件需要移送公安机关刑侦部门处理的，火灾现场一并移交。

（三）案件的审查与处理

公安机关其他部门应当自接受公安机关消防机构移送的涉嫌犯罪案件之日起十日内，进行审查并做出决定。依法决定立案的，应当书面通知移送案件的公安机关消防机构；依法不予立案的，应当说明理由，并书面通知移送案件的公安机关消防机构，退回案卷材料。

（四）消防执法人员的法律责任

公安机关消防机构及其工作人员有下列行为之一的，依照有关规定给予责任人员处分；构成犯罪的，依法追究刑事责任。

（1）指使他人错误认定或者故意错误认定起火原因、灾害成因的。

（2）瞒报火灾、火灾直接经济损失、人员伤亡情况的。

（3）利用职务上的便利，索取或者非法收受他人财物的。

（4）其他滥用职权、玩忽职守、徇私舞弊的行为。

七、火灾事故调查中失火单位应当做的工作

火灾事故发生后，失火单位应当积极协助公安机关消防机构调查火灾原因，并努力做好以下几项工作。

（一）保护好火灾现场

火灾现场是提取查证火灾原因痕迹物证的重要场所。保护火灾现场的目的，是发现起火物、引火物，根据着火物质的燃烧特性、火势蔓延情况，研究火灾发展蔓延的过程，为确定起火点、收集物证创造条件。火灾现场一旦遭到破坏，就会直接影响现场勘查工作的顺利进行，影响获取火灾现场诸因素的客观资料，影响勘查工作的质量，同时影响了火灾调查人员的准确判断。保护好火灾现场是做好火灾调查工作的前提。火灾扑灭后，发生火灾的单位和相关人员应当按照公安机关消防机构的要求保护现场，接受事故调查，如实提供与火灾有关的情况。

1.人人都有保护火灾现场的义务

火灾现场的保护工作应当从发现起火时开始，不要等公安消防队或火灾调查人员到达后才开始。能够最早到达火场和发现起火的义务消防员、专职消防队员、治保人员以及单位负责人等都有责任保护现场，广大的干部群众都有义务和权利协助保护好火灾现场。

火灾发生后，受灾单位应保护火灾现场。火灾现场保护范围应当依据公安消防机构划定的警戒范围。尚未划定警戒范围时，应将火灾过火范围以及与发生火灾有关的部位划定为火灾现场保护的范围。

2.火灾扑救中应注意保护火灾现场

扑火救灾的过程也应视为火灾现场保护的重要组成部分。无论是单位自救时还是公安消防队到场之后，火场指挥人员在灭火行动中都应充分注意这一点。在火势被控制后扑灭残火时或对火场进行检查时，不宜用直流水直射重点保护区，尽量避免破坏现场或移动物证。在检查火灾现场时，应尽量不移动室内物品和电器（开关、电闸）、机器设备，避免踩踏或破坏物品。对可能盛有危险品的容器不宜随便触摸和挪动，以免破坏上面可能留有的指纹痕迹。当灭火过程中所使用的动力设备（如链锯、便携式发动机、手抬机动泵等）需要加油时，应在火场以外的地点进行，以免溢出的汽油污染作为物证的危险品。如在公安机关消防机构的火灾调查人员还未到达火场之前火已被扑灭，失火单位应当积极安排人员，将火灾场现场保护起来，待公安机关消防机构的火灾调查人员到场后，应把了解的情况向他们介绍，并将火灾现场保护工作移交给火灾调查组。

3.正确划定火灾现场保护范围

火灾现场保护范围的划定，应根据着火物质的性质和燃烧特点等不同情况来决定。在保证能够查清火灾原因的条件下，应尽量将保护范围缩到最小限度。如在建筑群中起火的建筑物只有一幢，那么需要保护的现场一般也只限于起火的那一幢。如果着火的部位只是一个房间，则需要保护的火灾现场也应限定在起火的这个房间内。在一般情况下，建筑物火灾在被烧建筑物墙外1m之内，露天火灾在被烧物质范围外1m之内都应划为现场保护区。但是，当起火部位不明显，对起火点位置看法有分歧或初步认定的起火点与火场遗留痕迹不一致时，其保护范围还应根据现场条件和勘查工作的需要扩大。当起火原因怀疑为电气设备故障所致时，凡属与火场用电设备有关的线路、电器（总配电盘、开关、灯座、插座）、设备（电机、机动设备）及其通过和安装的场所都应划入被保护的范围。如果起火点与故障点不一致时，甚至相距很远时，其保护范围还应扩大到发生故障的那个场所。对于爆炸火灾的现场，除应把抛出物的着地点列入保护范围外，同时还应把爆炸破坏或影响波及的建筑物也列入保护范围。

火灾现场保护的时间应从发现起火时至失去保护价值时止。火灾现场保护的撤销，应由公安机关消防机构或立案机关决定。

（二）组织安排好调查访问对象

火灾事故调查访问是通过和那些掌握有关起火原因、起火点和火灾蔓延等第一手情况的人员交谈，尽可能准确地再现火灾的过程，获得有关人员目睹到的火灾情况，为查明起火原因收集证据材料。

1.调查访问的重要性

（1）能为火灾事故调查人员提供采取紧急措施的依据。在刚发生火灾不久及时进行调查访问，当事人、群众记忆犹新，提供的情况比较详细、准确，这些情况常常是采取急救、灭火、排险或消除障碍等紧急措施的重要依据。

（2）通过调查访问最早发现起火的人，可为准确地判断起火点提供有价值的情况，使勘查范围缩小，加快火灾调查的进程。

（3）通过调查访问可使实地勘验到的情况与调查了解到的情况互相印证，使火场勘查工作进一步深入细致。

（4）通过调查访问所获得的材料，可以配合实地勘验，认定火灾痕迹、物证和火灾的因果关系。通过调查访问还可以帮助判断有关物证是否为原来现场所有，某物证是否变动了位置等。

（5）通过向当事人、有关的群众调查了解现场物品的种类、性质、数量及位置情况，了解火场的生产设备、工艺条件及生产中的故障情况，了解火源、电源的使用及其他情况等，可帮助发现哪些地方有哪些痕迹和物证，对分析火灾形成的原因很有帮助。

（6）可帮助查找火灾肇事者和放火犯罪分子。通过调查访问，可以了解现场的人、物、事以及相互关系的详细情况，了解火灾发生时群众的所见所闻，同时还可以找到火灾肇事者和放火犯罪分子直接的见证人，并能够更清楚地说明事情的原委。

2.需调查访问的主要人员

应当接受调查访问的人员主要有：最先发现起火的人，起火前最后离开现场的人；报火警或报案的人；最先到达火场和扑救的人；起火时就在火灾现场的人；熟悉现场原有物资情况或生产工艺情况的人；熟悉起火部位周围或火场周围情况的人；受灾单位的有关领导或受灾户主、家人；火场上救出来的受伤人员及其他人员等。这些人员都是与调查火灾事故原因有关的人员，在火灾事故原因调查期间不应安排出差和远离单位的工作。如特别需要安排不太远的出差或离开本单位工作时，应安排好通信联络，做到随叫随到，随时接受询问，以保证火灾原因调查访问的顺利进行。

（三）协助统计好火灾损失和伤亡情况

火灾发生后，受灾单位还要协助公安机关消防机构统计好火灾造成的经济损失和人员伤亡情况。

1.火灾损失的统计范围

火灾损失的统计范围主要包括直接损失和间接损失。

（1）火灾直接经济损失

其是指被烧毁、烧损、烟熏和灭火中破拆、水渍以及因火灾引起的污染所造成的损失。如房屋、机器设备、运输工具、产畜、役畜等固定资产，古建筑、文

物、商品、购入货物等流动资产，生活用品、工艺品和农副产品等因火灾烧毁、烧损、烟熏和灭火中破拆、水渍等所造成的损失都属于火灾直接经济损失统计的范围。

（2）火灾间接损失

其是指因火灾而停工、停产、停业所造成的损失以及现场施救、善后处理的费用。

第一，因火灾造成的"三停"损失。主要包括：火灾发生单位的三停损失；由于使用火灾发生单位所供的能源、原材料、中间产品等所造成的相关单位的三停损失；为扑救火灾所采取的停水、停电、停汽（气）及其他必要的紧急措施而直接造成的有关单位的三停损失；其他相关原因所造成的三停损失。

第二，因火灾致人伤亡造成的经济损失。主要包括：因人员伤亡所支付的医疗费，死者生前的住院费、抢救费，死亡者直系亲属的抚恤金，死者家属的奔丧费、丧葬费及其他相关费用等处置费，养伤期间的歇工工资（含护理人员），伤亡者伤亡前从事的创造性劳动的间断或终止工作所造成的经济损失（含护理人员），接替死亡者生前工作岗位的职工的培训费用等工作损失费。

第三，火灾现场施救及清理现场的费用。主要包括：各种消防车、船、泵等消防器材及装备的损耗费用以及燃料费用（含非消防部门）；各种类型的灭火剂和物资的损耗费用；清理火灾现场所需的全部人力、财力、物力的损耗费用等施救和清理费用。

2.人员伤亡的统计范围

对在火灾发生后和扑救过程中因烧、摔、砸、炸、窒息、中毒、触电、高温辐射等原因所致的人员伤亡，都应列为火灾伤亡的统计范围。

以上所列的各项经济损失和人员伤亡的统计，不论是直接的还是间接的，失火单位都应当按照要求认真清理，如实上报，绝不能因怕追究责任而少报，也不能为求保险公司的赔偿而多报。

（四）全面分析事故的原因，研究制定改进对策

火灾事故发生后，火灾发生单位应当对事故发生的相关因素进行全面分析，找出问题的症结所在，研究制定出改进对策，以防止类似事故的再次发生。

1.全面分析火灾事故的意义

人的不安全行为可以引起物的不安全状态，物的不安全状态也会导致人的不安全行为，二者是互相关联的。企业消防安全管理得好，可以减少、消除不安全行为和不安全状态，反之，则可增加不安全行为和不安全状态。可见，火灾事故调查只简单地查出直接起火原因和直接肇事者或责任者还是不够的，这只是火灾事故调查的一个重要方面。许多火灾事故原因分析表明，如果火灾原因调查只限于这一目的，那么造成事故的潜在危险因素——管理上的、安全设计方面的、物质本性上的、设备缺陷方面的等因素，就会被"埋没"而不被重视，再次发生事故的危险因素也就不能消除。应本着对事故"三不放过"的原则，既调查人的行为，又要调查物的状态（厂房建筑、设备、装置、物质性质等），还要调查安全管理方面的原因，这样才能把已发生事故的有关信息反馈到各个方面，以不断改进和完善安全系统，提高消防安全管理的质量，切实保证职工的人身安全和企业财产的安全。

因此，火灾事故原因调查的目的主要在于发现再次发生同类事故的那种更加隐蔽的不安全行为和不安全状态，包括防火安全管理在内，以进一步对它们进行分析研究，从而建立起相应的事故防范对策。

2.全面分析构成火灾事故的原因及方法

全面分析火灾事故原因的工作，应当由主管消防安全工作的领导负责，组织有关人员参加。如果直接原因与生产工艺有关，还应吸收设计、生产技术部门的有关工程技术人员参加，以便科学地查明构成火灾事故直接原因的诱导因素——间接原因和基础原因。

（1）基础原因。是构成火灾事故最基本的原因，一般包括消防安全教育差、安全标准不明确、消防安全制度不落实、劳动纪律不严格等，这些都是管理原因，从消防安全角度来看，这是构成基础原因的主要部分。

（2）间接原因。是导致火灾事故的主要原因，主要有技术原因、教育原因、身体原因、精神原因等几种。技术原因主要有机械装置设计不良、构造材质不适当、检查保全不充分、缺少能控制事故行为的措施等，教育原因主要有不懂消防安全知识、轻视或不明白消防安全要求、不能熟练地运用安全措施等，身体原因主要是有病、睡眠不足、身体条件不适合工作要求等，精神原因主要是态度不认真、工作马虎、操作时注意力不集中等。

（3）直接原因。可分为物的原因和人的原因两种。物的原因主要有环境条件差、设备不良、安全装置有故障、设备不完善、报警设备失灵等，人的原因主要有违反安全操作规程、操作准备不足、误操作、麻痹大意、玩忽职守等。

对以上各种原因可以采用单个原因分析法和统计综合分析法进行认真的分析。单个原因分析，就是对造成火灾事故的每一个原因从微观上去分析，以提高对策的针对性和有效性，便于实施；利用统计的方法对火灾原因进行综合的分析，就是对火灾原因进行宏观探索，做多方面的对策研究。

3.研究制定改进对策

在对发生火灾的原因进行分析之后，应当从中找出导致火灾的主要原因，从而有针对性地研究制定出今后的改进措施和对策。

（1）关于设备原因的对策。要在设计、生产、技术和科研等方面研究开发新技术，改善环境和防火、灭火设施。

（2）关于人的不安全行为的对策。要在安全操作规程、作业程序、监督控制、教育训练等方面重新评定原有的规程要求，修改不合理的部分，加强对操作工人的技术培训。

（3）管理方面原因的对策。在消防安全管理方面，应当切实引起单位领导的重视，保证各项规章制度落实，建立健全消防安全组织，彻底整改各种火险隐患。

总之，对分析出来的各种导致火灾的原因，都要逐条逐项研究，采取相应的对策和改进措施，切实防止类似火灾事故的再次发生。

（五）对需要单位处理的火灾责任者及时做出处理

在火灾原因查清之后，为了教育火灾肇事者本人和职工群众，应当根据公安机关消防机构出具的《火灾原因认定书》和《火灾事故责任书》对有关责任者进行追查处理。

对构成犯罪的和违反消防安全管理的，分别由司法机关和公安机关消防机构依据有关法律进行处理。对那些尚不够追究刑事责任和消防管理处罚的责任者，应当分别由监察机关、单位的上级主管部门和单位，按照干部和职工的管理权限，酌情给予警告、记过、记大过、降级、降职、撤职、开除留用察看或开除处分。

（六）对认定不服的救济途径

火灾事故当事人对公安机关消防机构做出的火灾事故认定不服的，可以自收到火灾事故认定书之日起十五日内向上一级公安机关消防机构申请复核，也可以依法向人民法院提起行政诉讼。

第七章 消防行政处罚、强制与执法监督

第一节 消防行政处罚

为保证各项消防行政措施和技术措施的落实，公安机关消防机构需要根据法律所赋予的权力，运用必要的行政法律手段给予保证。行政处罚即是承担行政责任的具体形式。消防安全管理行政处罚就是通过处罚，教育违反消防安全管理的行为人，制止和预防违反消防安全管理行为的发生，以加强消防安全管理，维护社会秩序和公共消防安全，保护公民的合法权益。消防安全管理行政处罚是国家行政处罚的一种，是国家消防行政机关依照《中华人民共和国行政处罚法》（以下简称《行政处罚法》）和《消防法》，对违反消防法规、妨碍公共消防安全或造成火灾事故但尚未构成犯罪的人依法实施的行政处罚。

一、消防行政处罚的构成与种类

（一）消防行政处罚的构成要件

消防行政处罚是国家行政处罚中的一种，是国家消防行政机关依法对违反消防行政法规的义务所给予的惩戒制裁，其构成要件如下。

（1）消防行政处罚必须由国家消防行政主管机关即公安机关消防机构决定和执行，其他任何国家机关、团体、企业事业单位和个人，非经法律许可或行政机关授权，不得对公民和法人实施消防行政处罚。

（2）被处罚的当事人确已构成违反消防行政法规，包括行为者必须有造成违反消防行政法规的主观上的故意和过失。

（3）违法行为必须是违反有关消防安全行政管理的法律、法规，如系违反刑法、民法的违法行为，则不适用于消防行政处罚。

（4）处罚内容合法，也就是处罚必须是在消防法律、法规所确立的罚则之内，受处罚的违法行为必须确属消防法律、法规所规定的罚则的适用范围，违法行为与所受处罚相适应。

（5）处罚必须按照法定的处罚程序实施，程序违法其结果必然无效①。

（二）消防行政处罚的种类

根据《消防法》的规定，消防行政处罚的种类主要有警告、罚款、没收非法财物和违法所得、责令停止违法行为（包括责令停产停业、责令停止施工、停止使用、停止举办、责令恢复原状、强制拆除或者清除等）、责令停止执业（吊销相应资质、资格）和行政拘留6种。

1.警告

警告是行政机关或者法律、法规授权组织对违法行为人的谴责和告诫。警告是申诫罚的一种形式。其目的是通过对违法行为人精神上的惩戒，以申明其有违法行为，并使其不再违法。警告在消防行政处罚中主要适用于违反消防安全管理的行为轻微或者未造成实际危害后果的行为，或者是初犯并有了认识的人。警告不同于一般的批评教育，其主要区别在于：一般的批评教育是人民群众用来克服一般性缺点和错误的方法，是一种自我教育和互相教育的方法。而消防行政处罚中的警告虽然也带有教育的性质，但它是以国家机关的名义，对违反消防安全管理的人所采取的一种行政性处罚。这种处罚应制作《行政处罚决定书》，并记录在案。

---

①周甜.消防行政处罚简易程序探究[J].消防界（电子版），2020，6（13）：90.

2. 罚款

罚款是行政处罚机关限令违法行为人在一定期限内向国家交纳一定数量金钱的处罚形式，是限制和剥夺违法行为人财产权的处罚，具有经济意义。它既是以缴付金钱为内容的制裁手段，又是纠正和制止违法行为的处罚措施。罚款的数额，根据《行政处罚法》的规定，对公民处以50元以下、对法人或者其他组织处以1000元以下罚款的行政处罚，可以当场处罚，20元以下罚款或者不当场收缴事后难以执行的，可以当场收缴。被处罚款的当事人，应当自收到《消防行政处罚决定书》之起的15日内，到指定的银行缴纳罚款。银行应当收受罚款，并将罚款直接上缴国库。如果当事人到期不缴纳罚款，做出行政处罚决定的公安机关消防机构可以根据罚款数额按每日3%加处罚款；或据有关法律规定将查封、扣押的财物拍卖或者将冻结的存款划拨抵缴罚款；或申请人民法院强制执行。但是，如果当事人确有经济困难需要分期缴纳罚款的，经当事人申请和消防行政机关批准，也可以暂缓或者分期缴纳。

由于我国各地区经济发展不平衡，人们的承受能力也不同，所以，具体罚款数额的多少《行政处罚法》和《消防法》均未做出具体规定，因此，具体罚款数额的多少应按各省、自治区、直辖市的地方消防法规执行。

3. 没收非法财物和违法所得

没收即行政机关依照法定程序，对从事法律、法规有明确规定禁止的行为所带来的收益和财物，无偿收归国有的处罚。实际上也是一种限制和剥夺违法行为人财产权的处罚。如在消防行政处罚中，没收违章带入车站、码头、机场和带上列车、汽车、轮船、飞机上的易燃易爆危险品，或在易燃易爆危险场所使用的可产生火花的工具；没收违反规定生产、销售未经规定的检验机构检验合格的消防产品和违法所得等即属此种情况。

4. 责令停止违法行为

责令停止违法行为是行政机关要求从事违法活动的公民、法人或其他组织中止违法行为，令违法当事人履行其应当履行的义务，限制和剥夺违法行为人特定行为能力的一种行为罚。消防行政处罚中的责令停止违法行为的处罚形式主要有：责令停产停业、停止施工、停止使用、停止举办，责令恢复原状，强制拆除或者清除，临时查封等。如《消防法》第五十四条规定，公安机关消防机构在消防监督检查中发现火灾隐患的，应当通知有关单位或者个人立即采取措施消除隐患；不及时消除隐患可能严重威胁公共安全的，公安机关消防机构应当依照规定对危险部位或者场所采取临时查封措施。

消防行政处罚中的停止违法行为是指公安机关消防机构在实施消防监督检查过程中，对发现或群众举报的随时有可能发生着火或爆炸的单位和部位，依据有关规定，在紧急状态下采取的一种消除火灾危险的强制性措施，通常通过填发《公安行政处罚决定书》的形式进行。责令停产停业，对经济和社会生活影响较大的，由公安机关消防机构提出意见，并由公安机关报请本级人民政府依法决定。本级人民政府组织公安机关等部门实施。

5.责令停止执业（吊销相应资质、资格）

执业资格是指政府对某些责任较大，社会通用性强，关系公共利益的专业（职业）实行准入控制，是依法独立开业或从事某一特定专业（职业）学识、技术和能力的必备条件。具备一定职业资格机构的执业水平如何在一定程度上会对公共消防安全构成影响。消防产品质量认证、消防设施检测、消防安全监测等消防技术服务机构和执业人员，应当依法获得相应的资质、资格；依照法律、行政法规、国家标准、行业标准和执业准则，接受委托提供消防技术服务，并对服务质量负责。若此类机构违反规定，出具、虚假失实文件，就应当承担法律责任，情节严重或者给他人造成重大损失的，还应当由原许可机关依法责令，停止其执业或者吊销相应资质、资格。这种责令停止执业（吊销相应资质、资格）的处罚，实际上是一种剥夺或限制其执业资格的处罚。

6.行政拘留

行政拘留是对违反行政管理的人依法在一定时间内限制其人身自由的处罚，只有公安机关才能行使。在消防监督管理中所实施的行政拘留，是对有违反消防安全管理行为尚不够刑事处罚的人实施的行政处罚。行政拘留的时间幅度为：1日以上、15日以下，其中10日以上、15日以下为加重处罚。由于行政拘留在一定时间内限制了人身自由，所以在运用时一定要严格依法办事，并严格遵守法律规定的时限，绝不能以任何借口任意延长拘留时间。行政拘留处罚的执行程序适用《中华人民共和国治安管理处罚法》（简称《治安管理处罚法》）的有关规定。对需要传唤的，应使用传唤证进行传唤。对于无正当理由不接受传唤或者逃避传唤的当事人可以强制传唤。

二、消防行政处罚的程序

消防安全管理行政处罚的程序有简易程序、普通程序和听证程序三种。在具体实施处罚时，应根据《中华人民共和国行政处罚法》（以下简称《行政处罚法》）规定的程序，依照《消防法》适用的条文进行。

（一）消防行政处罚的简易程序

消防行政处罚的简易程序，是指公安机关消防机构对符合法定条件的行政处罚事项，对消防安全违法行为人当场做出行政处罚决定的一种处罚程序，是消防行政处罚中最为简易的一种。其适用条件是：违法事实确凿；有法定依据；罚款数额较小或处罚较轻。简易程序实施的具体内容如下。

（1）表明身份。即公安机关消防机构的执法人员向当事人出示执法身份证件，以表明自己是合法的消防执法人员。其证件可以是警官证，也可以是特定的执法证如《消防监督证》等，有时还要附带出示其他标志（如执勤证章等）。因为单纯的警官证只能表明某执法人员的正常职务，并不表明处罚时他正在执行职务或者可以执行职务，所以要出示其他可以表明正在执行公务的证件或证章。

（2）确认违法事实，说明处罚理由。在执行简易程序时，公安机关消防机构工作人员应当向被处罚人员说明或相对处罚的事实根据和法律依据等处罚的理由。

（3）制作消防行政处罚决定书。当公安机关消防机构工作人员当场做出行政处罚时，应当填写预定格式和编有号码的《消防行政当场处罚决定书》。该

《消防行政当场处罚决定书》应当载明消防安全违法行为人的违法行为、处罚依据、罚款数额，处罚的时间、地点以及公安机关消防机构的名称，并由行政执法人员签名或者盖章。

（4）送达。消防行政处罚简易程序的送达，就是公安机关消防机构的执法人员按照法律规定的格式要求填写完毕《消防行政当场处罚决定书》后，将处罚决定书当场交付消防安全违法行为人的一种程序。这是实现书面形式作用的必需程序，这既可防止公安机关消防机构工作人员事后矢口否认处罚的存在或随意更改处罚决定的内容，也可给消防安全违法行为人提供针对书面决定提出异议和争辩的机会。

（5）备案。就是公安机关消防机构工作人员将简易消防行政处罚决定书的存根或副本上交，或在所属机关就处罚基本事项进行登记。备案的内容应与处罚决定书所载内容相同。备案的目的主要是让公安机关消防机构执法人员所属的行政机关了解执法人员的处罚情况并提供依据，也为公安机关消防机构执法人员在行政复议或行政诉讼中的答辩提供备忘录。

（6）当事人签名。对于公安机关消防机构的执法人员制作的消防行政当场处罚决定书，消防安全违法行为人无论是否对处罚持有异议，都应当根据要求签名。签名只能肯定该处罚事宜确实存在，并不表示必然没有异议。消防安全违法行为人如有异议仍然可以按照法律规定提出申诉。即使当时没有异议，事后认为处罚有错误也仍然可以依法申诉。如果消防安全违法行为人因有异议而拒绝签名，也应首先缴纳罚款，然后再依法提出申诉。

（7）告知申诉权。公安机关消防机构执法人员在完成以上程序后，应即告知被处罚的当事人，对处罚如有异议可在法定期限内到实施行政处罚的上级机关提起行政复议或当地人民法院提起行政诉讼，以保障当事人的申诉权。何种申诉方式由当事人选择，通常的程序是先申请行政复议，不服复议决定时再提起行政诉讼。

（二）消防行政处罚的一般程序

一般程序是行政处罚的基本程序，是指除法律特别规定应当适用简易程序和听证程序的以外，行政机关在实施行政处罚时通常所应适用的程序。由于行政处罚涉及公民重要的人身权、财产权，草率处理势必会给公民权益造成大的损害，而错误的处罚一般来自执法人员的主观武断或滥用职权，但公正、民主、科学的处罚程序应当能够有效防止这一点。为了保证处罚的公正、合法、合理，法律对实施行政处罚的基本程序做出了严格的规定。一般程序的基本内容简要介绍如下。

1.立案

消防行政处罚中的立案，是指公安机关消防机构对于公民、法人或者其他组织的控告、检举或本机构在例行检查工作中发现的违反消防法规情况或重大违法嫌疑情况，认为有必要调查处理时所做出的进行查处的决定。公安机关消防机构对于控告检举材料或来访的接受还不是立案，只有对这些材料审查以后做出的进行调查的决定才是立案。立案的目的是对违反消防法规行为进行追究，通过调查取证工作，证明违法嫌疑人是否实施了违法行为，对违法者实施处罚，为无辜者正名。

消防行政处罚的立案条件是：通过对立案材料的审查，认为有违反消防法行为的发生，且是应受行政处罚的行为，属本消防机构管辖，并属于一般程序的适用范围。符合以上立案条件的消防行政案件，公安机关消防机构的执法人员应当填写立案审批表或者立案决定书。立案决定书应当包括：违法嫌疑人的姓名、年龄、职业、住址等，或者组织的名称、地址、法定代表人的姓名等；需调查的违法事实及违反《消防法》的条款；主管领导的批准意见和经办人的姓名等内容。

2.调查

消防行政处罚中的调查，是指消防行政办案人员依照法定程序向案件的当事人、证人通过询问（讯问）的形式了解案件情况的活动。询问（讯问）当事人和证人是执法机关为收集证据、查明案件、依法向案件知情人了解案件情况的一种调查活动。

当事人是指可能受到处罚的人及某些处罚案件中其权益受到被处罚人侵害的

人，又称利害关系人。当事人尤其是违法行为嫌疑人，最了解案件的事实情况，如果能够如实陈述，则对执法机关及时弄清案件事实具有重要意义。即使由于与案件有利害关系而不能如实陈述，也可从中发现漏洞或问题，再将利害关系人的陈述做一比较，对弄清案件事实显然仍有很大帮助。

根据有关规定，在进行询问活动时，执法人员不得少于两人，应主动到当事人或者证人所在单位或住所进行，并应向当事人、证人或有关人员出示证件，不得做诱导性提示，不得强迫作伪证。询问应当制作笔录，笔录应当由询问人和被询问人签名或盖章，并注明日期。

对被害人的询问应当事先通知。对违法嫌疑人的讯问不能刑讯逼供，进行讯问时应当制作讯问笔录，讯问查证的时间不能太长，通常不得超过24h。讯问结束时笔录应当经被讯问人核对，认为无误后讯问人和被讯问人均应在笔录上签名或者盖章。当事人或有关人员应当如实回答询问或讯问，并协助调查或者检查，不得阻挠，但可拒绝回答与案件无关的问题。

3.收集证据

收集证据在这里是指除一般调查和检查以外的一切收集证据的方式，常见的主要有以下几种。

（1）书证、物证、视听材料。公安机关消防机构为了实施消防行政处罚，有权依照法律规定的程序提取与案件有关并具有证明意义的书证、物证、视听材料等证据。这些证据的提取有时无须特别手段，有时则需与搜查等检查手段结合进行，证据可能灭失时还要依法采取证据保全措施。根据《行政处罚法》的规定，行政机关在收集证据时，可以采取抽样取证的方法；在证据可能灭失或者以后难以取得的情况下，经行政机关负责人批准，可以先行登记保存，并应在7日内及时做出处理决定，在此期间，当事人或者有关人员不得销毁或者转移证据。

（2）勘验。消防行政中的勘验，主要是指公安机关消防机构对与实施违反消防安全管理活动有关的场所进行实地勘察，收集证据、鉴别物证的活动。它在消防行政处罚中是必不可少的，不仅可以进一步收集证据，而且可以根据勘察情况审查判断其他证据是否可靠。根据有关规定，勘验工作应当制作记录，并由勘验人员和见证人签名盖章、注明日期。

（3）鉴定。消防行政中的鉴定是指公安机关消防机构就消防行政处罚案件中的某些专门性问题指派或聘请专家进行科学鉴别或判断的活动。鉴定结论可以用作认定违法事实是否存在的证据。依照公正的原则，鉴定应由公安机关消防机构专门聘请的专家进行。为了提高工作效率，通常可由本机关指定鉴定人员进行，但在当事人对鉴定结论有异议时，鉴定应由公安机关消防机构以外的专家负责。

4.专门检查

我们这里所说的专门检查，是指公安机关消防机构为实施行政处罚对有关人员的身体、有关场所或物件进行检验、搜查，以获取证据、认定案件事实的活动。它不同于行政机关工作中的日常例行检查。它包含许多行政特权，包括使用强制措施等。专门检查极易侵犯公民或组织的正当权益，故当使用强制措施时应有明确的法律授权。

根据《行政处罚法》第三十七条的规定，行政机关在进行专门检查时，不得少于两人，并应向被检查人出示证件。被检查人应当如实回答询问，并协助调查或检查，不得阻挠、销毁或者转移证据。检查应当制作笔录。执法人员与当事人有利害关系的，应当回避。

5.做出处理决定

调查的结果通常会有三种情况：一是确有应受行政处罚的违法行为；二是违法事实不存在或者违法事实不能成立；三是违法行为轻微，依法可不予处罚。在消防行政处罚中，公安机关消防机构应当根据《行政处罚法》和《消防法》的有关规定分别做出处理决定。

（1）违法事实不存在或者违法事实不能成立。根据《行政处罚法》第三十八条第1款第3项关于"违法事实不能成立的，不得给予行政处罚"的规定，负责调查的公安机关消防机构的执法人员在调查材料审查后，认为违法事实不存在或者违法事实不能成立的，应当填写《案件处理申报表》，说明调查情况，请主管领导批准后结案。如果主管领导认为调查不够认真彻底、案件事实并未查清，可指令执法人员重新或补充调查。对于经充分调查仍不能确认违法事实的，有关执法人员仍要填写《案件处理意见申报表》，经机关首长批准后按违法行为不能成立结案。如果机关首长认为仍有继续调查必要的，可继续调查，直至在法定追诉时效（自违法行为发生之日起两年内）内查清事实或者依法结案。

（2）违法行为轻微，依法可不予处罚的。经过调查认定，如果行为人虽有违法行为但情节后果轻微、认错态度较好、不处罚仍可达到预防违法行为和教育目的的，可以不予处罚。何为违法轻微，一般由行政机关依照法律赋予的自由裁量权认定；如果单行法律有比较明确的限制性规定，则应按法律规定执行。承办案件的执法人员，对于违法行为轻微，依法可不予处罚的案件，应当填写《案件处理意见申报表》，报请机关首长批准后结案。

（3）违法事实清楚、证据确凿充分、依法应当给予处罚的。对于违法事实清楚、证据确实充分、依法应当给予消防行政处罚的案件，主管执法人员应当根据已查清的违法事实，依据《消防法》规定的该违法行为应当承担的法律责任，填写《案件处理意见申报表》报机关首长批准。

对于情节复杂或者重大违反消防安全管理的行为在给予行政处罚时，公安机关消防机构的负责人应当集体讨论决定。如对供水、供气、供电等重要厂矿企业，重要的基建工程，交通、邮电通信枢纽以及其他重要单位、场所的责令停产停业的处罚，若会对经济和社会生活影响较大时，公安机关消防机构应当报请当地人民政府依法决定后执行。

违反消防安全管理行为已构成犯罪的，应当移送司法机关处理。但是，这里所说的已构成犯罪只是公安机关消防机构自己的判定，并非有最后的法律确定。当事人的违反消防安全管理行为是否确实构成犯罪，要经过司法程序，由人民法院最后判定。

6.制作公安行政处罚决定书

《公安行政案件处理意见申报表》报机关首长批准后，消防执法人员应拟制《公安行政处罚决定书》。《公安行政处罚决定书》应为打印件或印刷件，内容

应做到文字简练、明确、规范、通俗易懂，并应载明以下事项。

（1）基本情况。包括受处罚人的姓名、性别、年龄、职业、工作单位、住址（单位名称、地址、法定代表人姓名）。

（2）违法事实。文字要简练、明确。

（3）处罚依据。即指有权设定处罚规则的法律、法规或规章。超越处罚设定权范围的法规、规章以及没有立法权的国家机关的规范性文件，都不能作为处罚的法律依据。作为消防行政处罚的处罚依据只能是《消防法》《行政处罚法》和地方人大常委会通过的消防法规。

（4）处罚的内容。包括处罚的种类以及准确的处罚裁量度，如具体的罚款数额等。

（5）处罚的履行方式和期限。被处罚人在规定的期限内不按规定的方式和期限履行的应当承担强制执行的法律后果。

（6）不服行政处罚决定申请行政复议或者提起行政诉讼的途径和期限。

（7）做出行政处罚的日期和行政机关名称。消防行政机关的内部机构不是处罚主体，不能作为处罚主体在处罚决定书上署名。但是，虽然公安机关消防机构是公安机关的机构，但它是法律法规授权的有行使行政处罚权的组织，可以直接作为处罚主体在处罚决定书上署名。

7.说明理由，告知权力

根据《行政处罚法》第三十一条的规定，行政机关在做出行政处罚之前，应当告知当事人做出行政处罚决定的事实、理由及依据，并告知当事人依法享有的权利。这一规定包含有以下四项内容。

（1）说明理由和告知权利的时间应在行政处罚决定书送达以前。其意义主要是给当事人针对处罚理由、根据进行辩解的机会以及当事人在处罚过程中所享有的提出证据为自己辩解和不服处罚可以申诉等程序性权利。

（2）说明理由的内容包括做出行政处罚决定的事实根据、法律依据以及将法律适用于事实的道理。当事人明白了处罚的理由,也就知道了行政处罚是否适当或错误,可以有针对性地提出反驳意见、提出证据。如果当事人不能马上提出证据而需要合理的准备时间,行政机关应当允许,否则当事人的申辩权无法有效行使。

(3)告知权利的内容应当包括:提请某执法人员回避;有权为自己辩解、陈述事实并提出证据;不服处罚时可以申请行政复议或提起行政诉讼等程序性权力。

(4)说明理由是行政机关在实施行政处罚过程中必须履行的程序性责任,否则就会产生法律后果。行政机关及其执法人员在做出行政处罚决定之前,不依本法规定向当事人告知给予行政处罚的事实、理由和依据,行政处罚决定不能成立。这就是说,违反说明理由程序会导致行政处罚决定无效的法律后果。

8.当事人陈述和申辩

当事人或者被处罚人的陈述、申辩权是行政处罚程序中最主要、最基本的权利,是保护自己不受行政机关侵犯的权利,也是制约行政处罚权滥用的主要力量。行政机关有提出事实和证据说明当事人违法的权利,当事人也有陈述事实、提出证据说明自己无辜的权利。如果当事人提出了有力的证据证明自己是无辜的,行政机关就不能也无权实施行政处罚。

当事人有权进行陈述和申辩。行政机关必须充分听取当事人的意见,对当事人提出的事实、理由和证据,应当进行复核;当事人提出的事实、理由和证据成立的行政机关应当采纳。行政机关不得因当事人的申辩而加重处罚。这一规定适用于所有的行政处罚程序,包括简易程序。它从法律上确立了当事人陈述和申辩的法律地位和对行政处罚机关的约束力。行政机关在做出行政处罚决定之前,拒绝听取当事人的陈述或者申辩,行政处罚不能成立;当事人放弃陈述或者申辩权利的除外。这又进一步从程序和法律后果上保障了当事人的陈述和申辩权。

9.送达

行政处罚程序中的送达,是指行政机关依照法定的程序和方式,将行政处罚决定书送交当事人的行为。行政处罚决定书应当在宣告后当场交付当事人；当事人不在场的，行政机关应当在7日内依照民事诉讼法的有关规定，将行政处罚决定书送达当事人。比较适合《行政处罚决定书》送达的方式有以下三种。

（1）直接送达。直接送达是指行政机关执行送达任务的人员，将《行政处罚决定书》交给受送达人（当事人，下同）本人，受送达单位法定代表人、负责人签收，或者受送达人的同住成年家属签收，或者交给受送达人指定的代收人签收的送达方法。

（2）留置送达。留置送达是指受送达人或者同住的成年家属拒绝接收《行政处罚决定书》，行政机关执行送达任务的人员强制留放在受送达人住所的送达方法。但应注意留置送达的条件；第一，必须有受送达人或者同住的成年家属拒绝签收的情况；第二，必须邀请有关基层组织或者所在单位的代表到场，说明情况，在送达回执上注明拒收事由和日期。

（3）邮寄送达。邮寄送达是指因受送达人不在实施处罚的行政机关辖区内或者直接送达有困难的，通过邮局将处罚决定书用挂号的方式邮寄给受送达人的送达方法。但应注意，送达日期以受送达人在挂号回执上注明的收件日期为准。邮寄未回音的，自邮寄之日起三个月期满之日为送达日期。《行政处罚决定书》一经送达，便产生一定的法律后果。当事人提起行政复议或者行政诉讼的期限即自送达之日起计算。

10.申诉

当事人不服行政处罚决定的，可以在法定的期限内提起行政复议或者行政诉讼。我国《行政复议条例》规定的申请行政复议的一般期限是15日；《行政诉讼法》规定的不服处罚决定直接起诉的期限是3个月。不服行政处罚经过行政复议的，起诉期限为15日。但对提起行政复议或者行政诉讼的期限国家单行法律有特别规定的，应适用单行法律、法规的规定。

（三）听证程序

听证的概念有广义和狭义之分，广义的听证是指行政机关在立法或者制作

行政决定的过程中征求有关利害关系人意见的活动；根据我国《行政处罚法》第42条规定的听证程序，狭义的听证是指行政机关为了查明案件事实、公证合理地实施行政处罚，在制作行政处罚决定的过程中，通过公开举行由有关各方利害关系人参加的听证会，广泛听取意见的活动方式、方法和制度。其目的在于通过公开、合理的程序形式将行政处罚决定建立在合法适当的基础之上，避免行政处罚决定给行政管理相对一方带来不利或不公正的影响。

1.听证申请与决定

行政机关做出责令停产停业、吊销许可证和执照、较大数额罚款等行政处罚决定之前，应当告知当事人有要求举行听证的权利；根据公安部的规定，听证范围中"较大数额罚款"的数额，是指对个人处2000元以上罚款，对法人或者其他组织处以10000元以上罚款。对于符合以上听证条件的案件，当事人要求听证的，行政机关应当组织听证。当事人向行政机关提出申请，应当在行政机关告知后3日内提出。符合听证条件的听证申请，行政机关应当决定组织听证。当事人没有提出听证要求的，如果行政机关出于善意行政，认为有必要举行听证会的也可以组织听证。但是当事人有要求听证的机会，这是法律赋予的权利而不是义务，所以，对虽符合听证的条件，但当事人没有提出听证要求的，就没有必要再组织听证。

2.听证权利与听证通知

这里所说的听证权利是指当事人在听证程序中所享有的权利。在行政机关基于公正处罚的要求而举行的听证活动中，当事人享有以下权利。

（1）得到通知的权利。在向当事人发听证通知时，通知中应该说明听证所涉及的主要事项和问题。这是当事人充分行使辩护权或辩论权、维护其有关行政处罚实体权利的必要条件。当事人由于正当理由不能及时得到通知，没有比较充分的准备时间，就没有机会取证，也没有时间邀请合适的代理人协助取证和辩论；不知道听证所涉及的主要问题也就无法利用时间做必要的辩论准备。行政机关应当在听证的7日前通知当事人举行听证的时间、地点。立法没有明确规定通知的内容，但可以对此做包含性推理，否则当事人无法行使辩论权，也违反公正原则。

（2）要求由无偏见的行政机关工作人员主持听证的权利。参与本案调查的行政机关工作人员由于是站在当事人相对立的立场上并负有追诉的职责，很容易形成职业性偏向和主观成见，所以我国《行政处罚法》第四十二条第一款第四项明确规定，听证由行政机关指定的非本案调查人员主持，当事人认为主持人与本案有利害关系的，有权申请回避。

（3）提出证据为自己辩护的权利。这是当事人参加听证的最重要、最关键的权利。因为不能提出证据为自己辩护，其他程序性权利将毫无意义。这项权利通常应包括三项内容：当事人有权亲自为自己辩护；有权通过询问证人、使用自己提供的证据等正当手段驳斥对方的观点和对自己不利的证据；有权委托代理人协助自己行使提证权和辩论等权利。

（4）取得或复制全部听证案卷副本的权利。这是辩护权的引申意义应该包括的内容。因为案卷是当事人详细了解案件情况、了解行政处罚是否合理合法，以及在此基础上行使行政复议申请权、行政诉讼提起权的重要资料和依据，且通常情况下案卷对当事人也并没有保密的必要，否则不符合公正行政的原则和为人民服务的要求。

（5）要求行政机关仅仅依据案卷记载制作处罚决定的权利。案卷是包括全部听证记录和文件在内的各种文件和记录。当事人的这项权利是依法行政原则的派生权利。按照依法行政原则，行政机关实施行政处罚必须有事实和法律依据，而事实依据要经过听取当事人意见才能最终认定，而且应该明确地记录在案卷里。如果只有口头说明是无据可查的，所以《行政处罚法》规定，听证应当制作笔录；笔录应当交当事人审核无误后签字或盖章。另外，案卷也是法院在行政诉讼中审查行政处罚是否合法的重要依据，所以行政机关在实施行政处罚时必须依案卷记载制作处罚决定。

2.参与听证程序的有关人员

参与听证程序的有关人员可以分为以下三类。

（1）听证当事人。是指与举行听证的案件有直接利害关系，主动提请行政机关举行听证程序并参与听证程序全过程的人，是与行政处罚决定有足够的利益牵扯的人。

（2）听证旁听人。是指业已开始的听证程序有一定的利害关系而参加到听证程序中来的人员。主要包括：受行政处罚有影响的人，但不以当事人为限，还包括虽然不是行政行为直接的对象，但对行政机关的决定具有利害关系的人，如当事人的近亲属等；由于类似情况已经受到行政处罚但尚未决定申请听证，或者由于类似情况可能受到行政处罚的人；经行政机关允许的旁听人等。

（3）听证主持人及必要参加人。该类人员应该包括除上述人员之外参与听证活动的所有人员。主要包括：听证主持人；证人、鉴定人员；行政机关中负责主持听证会的工作人员以及承担调查或追诉职能的工作人员等。

3.听证主持人的权力

听证主持人是行政机关举行的听证会上负责组织听证活动正常进行的该机关的工作人员，且应当是与本案的调查人员职能分离的人员。其地位有相对的独立性，在听证程序中应当具有以下权力。

（1）根据法律的授权签发通知。当事人请求签发通知时，必须载明被传唤的证人、证据和案件的关联以及所通知的证人的合理的范围，并不能导致案件不合理的和不必要的迟延。

（2）接收有关联性的证据以及决定一方当事人可否拒绝回答另一方当事人提出的问题。

（3）记录证言或授权记录证言。

（4）规定听证的过程，决定听证的时间、地点、是否允许延期以及提出证据的方式和时间表，以保证听证能够有条不紊地进行。

（5）举行听证前的会议。

（6）决定程序上的请求和类似问题。

听证主持人对于实体问题没有完全的决定权，只对程序上的问题有决定权。

4.听证会的组织

听证会的组织一般应按以下程序进行。

（1）主持人宣布听证会开始、听证事项及其他有关事项。

（2）调查人员提出当事人违法的事实、证据和行政处罚建议。

（3）当事人针对指控的事实及相关问题进行申辩和质证。

（4）调查取证人员与当事人相互辩论。

（5）主持人宣布辩论结束，给当事人最后的陈述机会。

（6）主持人宣布听证会结束。

5.制作听证笔录

对在听证会中出示的材料、当事人的陈述、辩论等过程应制作笔录，经主持人和记录员签名或盖章后，作为处罚的依据封卷上交机关首长审阅并做出处理决定。听证记录应交当事人、证人等有关参加人阅读或向他们宣读，有遗漏或差错的应当补或改正。确认没有错误后由他们分别签字或盖章。

6.制作行政处罚决定

听证程序完毕以后，调查虽已经有了结果，但仍应依照法定的程序做出处罚决定，制作处罚决定的程序仍然适用"一般程序"的有关规定。因为听证程序事实上只是一种特殊的调查程序，并不包含行政处罚程序的全过程。它与《行政处罚法》规定的"一般程序"相比仅仅是调查处理方式的不同。

第二节　消防行政强制

一、消防行政强制的种类

消防行政强制分为消防行政强制措施和消防行政强制执行两大类。

（一）消防行政强制措施的含义和分类

消防行政强制措施，是指公安机关消防机构在实施消防监督管理的过程中，为维护消防安全，制止违法行为，避免火灾危害发生、控制危险扩大等情形，依法对公民人身自由进行暂时限制，或者对公民、法人或其他组织的财物实施暂时性控制的行为。

根据消防行政强制措施的对象不同，消防行政强制措施可分为：对人身的强制（如强制传唤、强制拘留、强制检查等）、对财产的强制（如强制查封、扣押财物等）和对场所或行为的强制（如临时查封等）。

根据消防行政强制措施的目的不同，消防行政强制措施可分为：预防性行政强制措施（如强制征用、强制排险、强制警戒等）、制止性行政强制措施（如责令停止举办）、保障性和辅助性行政强制措施（如强制警戒、保全证据和封闭现场）等。

（二）消防行政强制执行的含义和分类

消防行政强制执行，是指公安机关消防机构或公安机关消防机构申请人民法院，对不履行消防行政决定的公民、法人或者其他组织，依法强制履行义务的行为。

消防行政强制执行分为直接强制执行和间接强制执行两种方式。直接强制执行，是指执行机关自身采取强制手段，直接达到消防监督管理相对人履行义务或消防监督管理相对人义务被履行的状态。直接强制执行以限制权利为内容。间接强制执行，是指执行机关通过间接强制手段，迫使消防监督管理相对人履行义务或达到与履行义务相同的状态[①]。

二、消防行政强制的适用范围

（一）消防行政强制措施的适用范围

第一，公安机关消防机构在消防监督检查中发现火灾隐患，不及时消除可能

---

① 张耀宇.消防行政强制研究[J].武警学院学报，2011，27（06）：95-96.

严重威胁公共安全的，应当依照规定对危险部位或者场所采取临时查封措施。

第二，火灾现场总指挥根据扑救火灾的需要，有权采取强制征用、强制排险、强制警戒措施决定下列事项：①使用各种水源；②截断电力、可燃气体和可燃液体的输送，限制用火、用电；③划定警戒区，实行局部交通管制；④利用邻近建筑物和有关设施；⑤为了抢救人员和重要物资，防止火势蔓延，拆除或者破损毗邻火灾现场的建筑物、构筑物或者设施等；⑥调动供水、供电、供气、通信、医疗救护、交通运输、环境保护等有关单位协助灭火救援。

第三，公安机关消防机构有权根据需要封闭火灾现场。

（二）消防行政强制执行的适用范围

第一，对当事人有下列消防安全违法行为，经责令改正拒不改正的，公安机关消防机构应当按照《行政强制法》的规定组织强制清除或者拆除相关障碍物、妨碍物，且所需费用由违法行为人承担：①占用、堵塞、封闭疏散通道、安全出口或者有其他妨碍安全疏散行为的；②埋压、圈占、遮挡消火栓或者占用防火间距的；③占用、堵塞、封闭消防车通道，妨碍消防车通行的；④人员密集场所在门窗上设置影响逃生和灭火救援的障碍物的。

第二，当事人逾期不执行停产停业、停止使用、停止施工决定的，由做出决定的公安机关消防机构依法予以强制执行。

三、消防行政强制的程序

消防行政强制程序，是指消防行政强制主体实施消防行政强制行为时所应遵循的方式、步骤、时限和顺序等要素所构成的一个行为连续过程。

（一）消防行政强制措施的程序

1.一般消防行政强制措施的程序

（1）告知并听取陈述和申辩。当场告知当事人采取消防行政强制措施的理

由、依据、救济途径以及当事人依法享有的权利,并听取当事人的陈述和申辩。

(2)决定。采取消防行政强制措施前须做出行政决定或向行政机关负责人书面或者口头报告并经批准。

(3)执行。应当在被强制执行的单位或者场所的醒目位置张贴强制决定,加贴封条。

(4)制作笔录。对实施消防行政强制过程制作现场笔录。必要时,可以进行现场照相或者录音、录像。

2.紧急消防行政强制措施的程序

紧急消防行政强制没有事先程序,如火场总指挥员根据扑救火灾的需要,可以强行拆除毗邻火场建筑物。但这并不意味着紧急消防行政强制不需要任何程序,一般来说,情况紧急需要当场实施消防行政强制措施的,执法人员应当在当场实施后24小时内向公安机关消防机构负责人报告,并补办批准手续。公安机关消防机构负责人认为不应当采取行政强制措施的应当立即解除。另外,还应重视对于紧急情况的事后救济等程序保障。

(二)消防行政强制执行的程序

1.消防行政强制执行的实施及有关要求

消防行政强制执行由做出决定的公安机关消防机构负责人组织实施。需要公安机关其他部门或者公安派出所配合的,公安机关消防机构应当报请所属公安机关组织实施;需要其他行政部门配合的,公安机关消防机构应当提出意见,并由所属公安机关报请本级人民政府组织实施。

实施强制执行应当遵守下列规定。

(1)实施强制执行时,通知当事人到场,当场向当事人宣读强制执行决定,听取当事人的陈述和申辩。

（2）当事人不到场的，邀请见证人到场，由见证人和消防监督检查人员在现场笔录上签名或者盖章。

（3）对实施强制执行过程制作现场笔录，必要时，可以进行现场照相或者录音、录像。

（4）除情况紧急外，不得在夜间或者法定节假日实施强制执行。

（5）不得对居民生活采取停止供水、供电、供热、供燃气等方式迫使当事人履行义务。

2.消防行政强制执行程序

消防行政强制执行程序如下。

（1）事前催告。强制执行3个工作日前，公安机关消防机构应当制作送达《催告书》，催告当事人履行义务。

（2）听取陈述和申辩。当事人收到《催告书》后有权进行陈述和申辩。公安机关消防机构应当充分听取当事人的意见，对当事人提出的事实、理由和证据，应当进行记录、复核。当事人提出的事实、理由或者证据成立的，公安机关消防机构应当采纳。

（3）决定。经催告，当事人逾期仍不履行义务且无正当理由的，公安机关消防机构负责人应当组织集体研究强制执行方案，确定执行的方式和时间，制作《行政强制执行决定书》，并于3个工作日内送达当事人。

（4）实施强制执行。公安机关消防机构直接实施强制执行的。应当在被强制执行的单位或者场所的醒目位置张贴强制执行决定，并按照强制执行决定载明的强制执行方法执行。对实施强制执行过程制作笔录。必要时，可以进行现场照相或者录音、录像；当委托没有利害关系的第三人代行时，做出决定的公安机关消防机构应当派员到场监督。

第三节 消防行政执法监督

一、消防行政执法监督的含义

消防行政执法监督,是指依法享有监督权的国家机关、政党、社会组织和公民对消防监督管理主体及其工作人员依法实施的消防行政执法行为进行监察与督促的活动。

从监督主体来看,消防行政执法监督范围广泛,既包括来自国家权力机关、行政机关、司法机关和专门监督机关(如行政监察机关和审计监督机关)对消防行政执法行为实施的监督;也包括行政组织内部上级行政机关对下级行政机关及其工作人员消防行政执法行为的监督;也包括来自社会组织和公民的监督等。

二、消防行政执法监督的特征

(一)监督主体的多元性

消防行政执法监督的主体既包括国家机关,也包括非国家机关和公民个人,即监督主体呈多元性。

(二)监督对象的特定性

在消防行政执法监督中,其监督的对象只能是行使消防行政执法权力的消防监督管理主体及其工作人员。从这个角度来看,消防行政执法监督的对象也可以说是消防行政执法权力。消防行政执法监督的目的就是保证消防行政执法权在其正确的轨道上行使,不至于因脱离轨道而侵害了公民、法人或其他组织的合法权利。

(三)监督范围的完整性

消防行政执法监督贯穿消防行政执法的始终。由于行政执法行为通常具有单方性和强制性的特质，行使不当可能会对公民、法人或者其他组织的合法权益造成重大的损害。在消防行政执法监督中要对执法依据、执法程序以及执法决定的内容进行完整的监督[①]。

（四）监督方式的多样性

消防行政执法监督主体的多元性决定了监督方式的多样性。因为不同的消防行政执法监督主体享有不同的监督权，而不同的监督权行使的方式也必然千差万别。例如，司法机关的监督具有国家的强制力；舆论和公民个人的监督则不具有直接的强制力，但同样也会对消防监督管理主体及其工作人员行使消防行政执法权形成一定的压力。

三、消防行政执法监督的作用

消防行政执法监督的主要作用就是运用各种监督手段，及时发现和纠正消防监督管理主体及其工作人员的一切违反国家行政执法原则和法律规范的行为，保障消防行政执法目标准确、合法、及时地实现。

（一）有利于规范消防监督管理主体及其工作人员的执法行为

由于消防行政执法监督主体的多元性与实施方式的多样性，使得消防监督管理主体及其工作人员的执法行为处于一个广泛的监督网络之内，促使其在实施执法行为时自觉规范自己的行为，合法、合理地履行岗位职责，主动避免不作为、乱作为以及违法执法等现象的发生。此外，通过多样性的消防行政执法监督也能及时发现和处理消防行政执法中存在的不规范行为，确保消防行政执法质量。

（二）有利于提高消防监督管理主体及其工作人员的法治理念

消防法律、法规规定的内容需要消防监督管理主体及其工作人员予以执行，所以，其执行法律、法规的能力直接关系到法律文件中的内容是否能够获得实

---

①周甜.消防行政处罚简易程序探究[J].消防界（电子版），2020，6（13）：90.

现。应当看到，当前我们国家的消防行政执法队伍总体上是好的，很多执法人员能够认真执行法律、法规和上级的行政命令，严格履行消防行政职责，真心诚意地为社会和公民服务。但也有一部分执法人员法治意识淡薄，不能按照法定要求办事。消防行政执法监督就是对消防监督管理主体及其工作人员在执法过程中的行为进行监督，防止和尽量减少违法执法行为的发生，同时调查执法人员的行政违法行为，追究其相应的法律责任。

（三）有利于维护消防监督管理相对人的合法权益

消防监督管理主体及其工作人员在实施执法行为过程中侵害公民、法人或者其他组织的合法权益的，公民有权通过行政监察、行政复议、行政诉讼等途径获得救济，这就是"有损害必有救济"的法治原则。对于消防行政执法的监督就是对公民权利进行救济和保护的重要手段。消防监督管理主体及其工作人员对公民权利的侵害行为按其性质可以分为积极作为的侵害和消极不作为的侵害。积极作为的侵害，是指消防监督管理主体及其工作人员通过实施某种违法或者不当的行为侵害公民的合法权益。消极不作为的侵害，是指法律规定消防监督管理主体及其工作人员应当积极地实施某种职责，履行某种义务，但是消防监督管理主体及其工作人员消极不履行，从而侵害公民的合法权益的行为。

消防行政执法监督，就是一定的监督主体按照法律规定的程序对消防监督管理主体及其工作人员依法实施法律规定的行为的合法性和适当性进行检查和监督，从而减少和防止行政违法行为的发生，保护公民、法人或者其他组织的合法权益。

四、消防行政执法监督的分类

（一）根据监督主体监督权属性的不同分类

1.国家监督

国家监督是国家机关根据国家的授权在法定的范围内，按照法定的方式和程序对消防监督管理主体及其工作人员的行政执法行为进行的,能产生直接法律后果的监督。这种监督主要包括权力机关的监督、行政机关的监督、司法机关的监督。监督的方式主要由法律进行规定,如审查、调查、质询、罢免、决定、判决等。

2.社会监督

社会监督又可以称为非国家机关的监督,通常是政党、社会组织和公民对消防监督管理主体及其工作人员的行政执法行为实施的监督。监督中发现的消防执法违法行为只能通过法定的国家机关。经过法定的程序才能进行认定和处理,其监督效果具有间接性。但社会监督更广泛、更灵活,一般包括批评、建议、申诉、控告、检举、复议、诉讼等。

(二)根据监督对象的不同分类

1,对消防监督管理主体的监督

对消防监督管理主体的监督,是指有关执法监督主体对消防监督管理主体做出的具体行政执法行为的合法性和合理性进行监督。所谓合法性监督,是指对具体行政执法行为是否符合法律、法规要求进行的监督。其内容包括执法主体合法、权限合法、依据合法、内容合法、程序合法、形式合法等。合理性监督,是指对具体行政执法行为是否客观、适度、公平、公正进行的监督。合理性要求是合法性要求的补充,保证执法行为的合法性是消防行政执法的基本要求,但是一个合法的消防行政执法行为却不一定符合公平正义的合理性要求。

2.对消防执法人员的监督

对消防执法人员的监督,是指有关执法监督主体对消防执法人员实施的行政执法行为是否遵守国家的法律、法规,有无违法犯罪行为实施的监督。

对消防监督管理主体的监督和对消防执法人员的监督是相辅相成的,两者不可偏废。对消防监督管理主体的执法活动进行监督时必然要涉及有关的执法人员,同样,对消防执法人员实施的执法行为进行监督时也必然要涉及其所在消防监督管理主体做出的行为或者决定。只有在对消防监督管理主体进行监督的同时加强对执法人员的监督,才能真正发挥监督制度的作用。

(三)根据监督主体与监督对象是否同属于一个组织分类

1.内部监督

消防行政执法内部监督,是指消防监督管理主体所在系统的自我监督,是系统内部上级行政机关以及法定的其他有监督权的行政机关对消防监督管理主体及其工作人员实施的监督。

2.外部监督

外部监督是行政机关以外的国家机关、组织和个人作为监督主体对消防行政执法进行的监督。

结束语

近年来,我国城市与乡村建设发展速度不断加快,而这对消防工作提出了更高的要求。消防部门为了能够有效地保障人民群众生命财产的安全,需要做好消防监督检查工作,这是预防火灾事故的重要手段,也是确保人民群众生命财产安全的重要保障。笔者认为,新时期消防监督检查工作的有效开展路径如下。

(一)增强消防管理意识

对于消防监督检查工作人员来说,就要在实际生活中解决有关问题,从而进一步提高工作人员的管理意识,将管理工作放在最重要的位置。总的来说,消防监督检查工作人员在开展检查工作时,往往具有不确定性。各个区域在开展消防监督检查工作时,需要具备一定的教育观念,要开展专业的员工培训。这样一来,消防监督工作人员才可以认清自身工作的重点,并以工作性质为主,认识到管理工作在社会发展中的积极作用。此外,消防安全管理人员的工作性质比较特殊,往往在单位中学习专业知识后,还要经过定期培训等。消防监督管理人员需要在认清灾情情况后,找出一定的解决方案,在做好准备工作的同时,及时疏散群众,促进社会的和谐发展。

(二)构建城乡一体化消防监督管理模式

首先,要想弥补过去管理体制中的不足之处,就需要将城市、乡村进行联系,进而构建一体化的消防监督体制。处于新形势背景下的城乡一体化的消防监督体制在新农村中起着重要作用,特别是我国新农村建设工作在不断深入,其工作的重要内容之一就是消防监督管理工作,要和整个新农村建设同时展开。那么，政府在构建城乡一体化消防体系时，就要充分发挥自身优势，要定期在乡村开展消防监督检查工作，并为村民普及相关消防知识，这样一来，在发生火灾时，人员才可以得到及时疏散。其实在一些乡村或城市郊区，人们的消防安全意识不够强烈，区域内的消防设备较为落后，同时其中的消防监督管理机制也不够完善。这样一来，就会在一定程度上影响城乡一体化消防监督体系的建立。政府机关在开展群众培训时，应当扩展城乡资金范围，加强该区域的消防设备购买力，进而保障各项硬件设备的科学建设。此外，我国城乡社会单位也需要利用的自身优势，积极地提升城乡一体化的消防工作力度，坚决完善各项消防监督管理工作。

其次，消防监督管理人员需要进一步落实安全责任制度，应当以服务模式为主。其实政府部门落实消防安全制度，可以帮助其中的工作人员意识到自身工作的意义，并使其在工作中认清自己的责任与义务，积极地发扬自身的优点。相关管理人员还需要在落实有关消防制度后开展全面的消防检查工作，进而保障消防工作顺利进行，能够在群众面前树立良好的消防形象，提高有关消防部门的可信度。一些消防部门要同派出所一起找寻自身的优点，积极配合工作，运用监督检查的方式进行管理，并向其中的工作人员提供更多的帮助。

（三）增强法律意识

消防检查工作技术性要求高，此类工作需要工作人员自身有良好的专业素质，并清楚地掌握有关法律知识和内容，在工作中有较强的自控能力，更好地约束自身。因此，消防监督检查工作人员需要在工作中，更多地学习与法律相关的知识，并做好有关的消防监督检查工作。此外，消防检查工作管理人员应当有一定的管理能力，树立学习目标并为之努力，不断熟悉法律知识，进而构建起严格的监督管理模式。同时，消防工作人员需要有一定的法律管理意识，应当在开展工作的过程中，保持应有的素质，并在完善自身法律意识时，重视消防工作进度，最终使消防检查工作更好地开展。

处于新形势下，消防监督检查人员应该转变自身的消防管理观念，在完善管理模式体系的前提下，构建起城乡一体化的消防管理体制，从而确保消防检查管理工作的规范性。

参考文献

[1] 姚圣祥.消防控制室的安全管理现状与展望[J].今日消防，2021，6（07）：32-34.

[2] 郭红旗.高层建筑消防安全问题及其防火监督策略研究[J].今日消防，2021，6（07）：83-84.

[3] 曾真.公共场所的消防防火对策分析[J].今日消防，2021，6（07）：101-103.

[4] 薛文静.智慧消防在防火监督中应用的研究[J].今日消防，2021，6（07）：140-141.

[5] 韩广正.加强高层建筑消防监督管理探析[J].科技创新与应用，2021，11（21）：194-196.

[6] 马梦悦，郑敏，李百毅，等.城市综合体内仓库消防检查问题研讨[J].山西建筑，2021，47（17）：193-194+198.

[7] 郭威.人员密集场所消防监督检查工作思考[J].科技创新与应用，2021，11（23）：188-190.

[8] 孔烨镭.大型商场消防安全标准化管理研究[J].中国标准化，2021（16）：100-102.

[9] 马恩强.建立"双随机、一公开"消防监督检查制度的思考[J].消防科学与技术，2016，35（09）：1309-1311.

[10] 杨璐颖，谈迅，宋喆，等.消防监督检查创新模式研究[J].消防科学与技术，2020，39（01）：119-122.

[11] 王强.新时期有效开展消防监督检查工作的思考[J].科技创新与应用,2020(08):189-190.

[12] 刘建英.新形势下消防监督检查工作存在的问题及对策分析[J].科技创新与应用,2020(13):133-134.

[13] 杨忠.科学有效的开展消防监督检查工作办法探究[J].今日消防,2020,5(03):80-81.

[14] 张智华.消防监督检查的现状及发展探讨[J].今日消防,2020,5(05):79-80.

[15] 宋东臣.消防监督检查的现状及发展[J].科技创新与应用,2020(20):62-63.

[16] 徐妍雯.新时期有效开展消防监督检查工作的思考[J].今日消防,2020,5(07):75-76.

[17] 薛可平.简析消防监督检查的现状及发展[J].低碳世界,2020,10(09):223-224.

[18] 翟峰.新时期如何有效开展消防监督检查工作[J].今日消防,2020,5(11):66-67.

[19] 李思思.新时期如何开展消防监督检查工作[J].今日消防,2020,5(11):83-84.

[20] 杨世恒.改制背景下消防监督检查工作研究[J].消防界(电子版),2019,5(04):66-68.

[21] 张滢.新形势下消防监督检查工作存在的问题及对策分析[J].智能城市,2019,5(07):163-164.

[22] 敖曼.大数据时代背景下消防监督检查工作新思路探索[J].今日消防,2019,4(02):44-45.

[23] 王焱.消防监督检查的现状及发展探讨[J].工程技术研究,2019,4(15):227-228.

[24] 白沈圳.新形势下消防监督检查工作存在的问题及对策刍议[J].低碳世界，2018（09）：297-298.

[25] 王慧.新时期如何开展消防监督检查工作[J].消防技术与产品信息，2015（01）：68-70.

[26] 段宏航.基层消防监督检查工作开展现状分析与对策探讨[J].消防技术与产品信息，2015（09）：59-62.

[27] 刘思兵.消防监督检查的现状及发展管窥[J].消防界（电子版），2020，6（22）：90-91.

[28] 吴瑞志.新时期开展消防监督检查工作的思考[J].消防界（电子版），2020，6（24）：77-78.

[29] 张莉蓉.建筑工程消防监督检查工作的难点与措施[J].四川水泥，2021（02）：172-173.

[30] 尹传山，韩子忠.消防监督检查制度改革研究[J].消防技术与产品信息，2011（08）：57-59.

[31] 陈合权，李克建，胡志刚.消防监督检查概论[M].北京：光明日报出版社，2013.

[32] 董洪艳.消防安全[M].北京：中国社会出版社，2008.

[33] 宿吉南.消防安全案例分析[M].北京：中国市场出版社，2019.

[34] 孙长征，徐毅，周明哲.消防安全技术实务[M].济南：山东人民出版社，2019.

[35] 孙长征，徐毅，周明哲.消防安全技术综合能力[M].济南：山东人民出版社，2019.

[36] 叶江彪，袭普春.消防监督检查指南[M].北京：中国建材工业出版社，2017.

[37] 李克建.消防监督管理[M].北京：光明日报出版社，2016.

[38] 杨旭红，张建勋.消防监督执法实务[M].太原：山西人民出版社，2015.

[39] 景绒.消防监督管理[M].北京：中国人民公安大学出版社，2014.

[40] 陈合权，李克建，胡志刚.消防监督检查概论[M].北京：光明日报出版社，2013.